# DALE CARNEGIE
J. Berg Esenwein

# EL ARTE DE HABLAR EN PÚBLICO

TALLER DEL ÉXITO

**El arte de hablar en público**

Copyright © 2019 - Taller del Éxito - Dale Carnegie - J. Berg Esenwein
Título original: The art of public speaking First published in 1915 by The Home Correspondence School

Reservados todos los derechos. Ninguna parte de esta publicación puede ser reproducida, distribuida o transmitida por ninguna forma o medio, incluyendo: fotocopiado, grabación o cualquier otro método electrónico o mecánico, sin la autorización previa por escrito del autor o editor, excepto en el caso de breves reseñas utilizadas en críticas literarias y ciertos usos no comerciales dispuestos por la Ley de Derechos de Autor.

**Publicado por:**
Taller del Éxito, Inc.
1669 N.W. 144 Terrace, Suite 210
Sunrise, Florida 33323
Estados Unidos
www.tallerdelexito.com

Editorial dedicada a la difusión de libros y audiolibros de desarrollo y crecimiento personal, liderazgo y motivación.

Diseño de carátula y diagramación: Giselle Selva Rodríguez
Traducción y Corrección de estilo: Nancy Camargo Cáceres

ISBN: 9781607387732

25  26  27  28  29    R|GIN    13  12  11  10  09

# CONTENIDO

Prefacio ..................................................................7
El arte de hablar en público ..................................11
1. Adquiriendo confianza ante la audiencia ...........13
2. El pecado de la monotonía.................................22
3. Cómo lograr eficiencia a través del énfasis
   y la subordinación.............................................28
4. Eficiencia mediante el cambio de tono ..............38
5. Eficiencia mediante el cambio de ritmo.............46
6. Pausa y potencia................................................51
7. Eficiencia a través de la inflexión.......................61
8. Concentración en la entrega del mensaje..........68
9. Fuerza ...............................................................73
10. Sentimiento y entusiasmo ................................84
11. Cuando la preparación genera fluidez .............95
12. La voz .............................................................105
13. Una voz encantadora......................................115
14. Pronunciación.................................................122
15. La verdad sobre la gesticulación ....................128
16. Formas de transmitir el mensaje....................142
17. Capacidad de reserva.....................................154
18. El tema y su preparación................................165
19. El uso de la exposición en el discurso público...................177

20. El uso de la descripción en el discurso público ................188
21. El uso de la narración en el discurso público ....................199
22. El uso de la sugestión o la sugerencia
    en el discurso público........................................................205
23. El uso de la argumentación en el discurso público............220
24. El Uso de la persuasión en el discurso público.................229
25. Influenciando a las multitudes .........................................236
26. En alas de la imaginación .................................................243
27. Ampliando el vocabulario ................................................252
28. Entrenando la memoria ...................................................259
29. Pensamiento y personalidad .............................................270
30. El discurso después de una cena
    y otros discursos de ocasión..............................................276
31. Haciendo efectiva la conversación ....................................281

ASPECTOS INICIALES

## PREFACIO

La eficiencia de un libro se parece a la del ser humano en un aspecto: en que su actitud frente al tema es su principal fuente de poder. Un libro puede estar lleno de ideas maravillosas, muy bien expresadas. Sin embargo, si su escritor las enfoca desde el lado equivocado, incluso sus consejos más sabios serán inefectivos.

Este libro sobresaldrá entre los demás o fracasará según sea la actitud de sus autores frente al tema. Si la mejor manera de enseñarnos a nosotros mismos, o de enseñarles a otros a hablar efectivamente en público, fuera copando la mente del orador con normas y estándares sobre la interpretación del pensamiento, el uso adecuado del lenguaje y la gesticulación, y de todo este tipo de aspectos, entonces el valor de esta lectura estaría limitado a describir una serie de parámetros a lo largo de todas y cada una de sus páginas con la intención de que sean de provecho para el lector –algo así como un refuerzo cuyo propósito consista en hacer un compendio de principios para no fracasar en el campo del discurso público– y se convertiría en un trabajo improductivo.

Por lo tanto, es de cierta importancia que quienes elijan leer esta obra con una mente abierta tengan claridad desde el comienzo sobre cuál es el punto de vista que subyace a lo largo de ella. En pocas palabras, se trata de lo siguiente:

El entrenamiento en el discurso público no es cuestión de exterioridad –primordialmente; tampoco es cuestión de imitación – fundamentalmente; no se trata de nada de eso. Hablar en público es emitir una expresión pública de sí mismo. Por lo tanto, el primer principio, tanto en la línea del tiempo como en el nivel de importancia, es que el orador público debe ser, pensar y sentir cosas dignas de compartir con los demás. A menos que haya algo de valor en su interior, cualquier pauta de entrenamiento solo hará que él sea una especie de máquina –así sea una máquina perfecta– apta para comunicar las ideas de otros. A esto se debe que el autodesarrollo sea un aspecto fundamental dentro de nuestro plan.

El segundo principio es cercano al primero: el ser humano debe saber hacer uso de su voluntad y hacer uso de ella para gobernar sobre su pensamiento, sus sentimientos, y sobre todas sus fuerzas físicas, de tal modo que el yo exterior sea una expresión perfecta, sin obstáculos, del ser interior. Es inútil establecer sistemas de normas relacionadas con el uso adecuado de la voz –como por ejemplo, la entonación, la gesticulación– que den cuenta de lo que se debe y no se debe hacer, a menos que estos dos principios –tener algo que decir y tener la capacidad de reinar sobre la voluntad– hayan comenzado a sentirse y manifestarse en la vida del orador.

El tercer principio, suponemos, no suscita ninguna controversia: nadie aprenderá a hablar si primero no habla lo mejor posible. Esta declaración parece indicar un círculo vicioso, pero requiere de cuidado.

Muchos maestros comienzan con el cómo. ¡Esfuerzo inútil! Es bien sabido que aprendemos a hacer haciendo. Lo primero que debe hacer un principiante en el discurso público es hablar, no estudiar su voz, ni sus gestos, ni ningún otro aspecto a tener en cuenta. Una vez que el orador haya comenzado a hablar en público, irá mejorándose a sí mismo mediante la autoobservación o de acuerdo con las críticas de quienes lo escuchen.

Pero ¿cómo hace para criticarse a sí mismo? Simplemente, descubriendo las respuestas a los siguientes interrogantes: ¿cuáles son las cualidades que, de común acuerdo, tiene un orador efectivo? ¿De qué manera las adquiere? ¿Qué malos hábitos van en contra de la adquisición y el uso de estas cualidades?

La experiencia, entonces, no es la única mejor maestra, sino la primera y la última. Pero la experiencia debe ser dual: la experiencia de los demás es necesaria para complementar, corregir y justificar nuestra propia experiencia. De esta manera, nos convertiremos en nuestros mejores críticos solo después de habernos entrenado en autoconocernos, en el conocimiento de lo que piensan otras mentes y en la capacidad de juzgarnos a nosotros mismos bajo los estándares que creemos que son los correctos. "Si debo", decía Kant, "puedo".

El examen minucioso del contenido de este volumen demostrará cuán consistentemente han sido declarados, expuestos e ilustrados estos fundamentos. Instamos a los estudiosos de este tema a que empiecen a hablar de inmediato de lo que saben. Luego, les damos sugerencias sencillas sobre autocontrol, con un creciente énfasis en el poder del ser interior sobre el exterior. Luego, les señalamos el camino hacia ricos depósitos de recursos que les ayudarán a crecer en este campo. Y por último, los instamos a hablar, hablar, HABLAR mientras aplican a sus propios métodos, y a su estilo personal, los principios que hayan recogido de sus propias experiencias, de sus observaciones y de las experiencias que otros comparten.

Así que, desde ahora debe quedarte tan claro como la luz que los métodos son asuntos secundarios; que la mente plena, el corazón cálido y el dominio de la voluntad son básicos –y no solo básicos, sino primordiales. Tanto así que, a menos que el orador sea un ser pleno que sepa utilizar tus habilidades y recursos, será como vestir una imagen de madera con la ropa de un ser humano.

J. Berg Esenwein<br>
Narberth, PA.<br>
Enero 1, 1915

# EL ARTE DE HABLAR EN PÚBLICO

"El sentido nunca falla en darles a las palabras el significado suficiente como para que ellas se hagan entender. Es muy frecuente que en algunas conversaciones, al igual que en las farmacias, tanto los recipientes que están vacíos como los que guardan cosas de poco valor sean tan vistosos como aquellos que están llenos de valiosas medicinas.

Los que se elevan demasiado alto, a menudo caen estrepitosamente y se mantienen en niveles inferiores. Los árboles más altos están más expuestos al poder del viento; y los hombres ambiciosos, a merced de los reveses de la fortuna. Los edificios necesitan de buenas bases porque están expuestos a la impiedad del clima".

–William Penn

# CAPÍTULO 1

## ADQUIRIENDO CONFIANZA ANTE LA AUDIENCIA

"Con frecuencia, el orador público experimenta una sensación extraña que surge al estar en presencia de cualquier audiencia. Tal vez proceda de la mirada de los muchos ojos que se posan sobre él, sobre todo si él se permite devolver esas miradas. La mayoría de los oradores siempre ha sido consciente de esta emoción sin nombre, real, que impregna la atmósfera de manera tangible, pero a la vez tenue e indescriptible.
Muchos estudiosos y escritores del tema han dado testimonio del enorme poder que ejerce la mirada del orador sobre su audiencia. Sin embargo, dicha influencia que menciono al comienzo es la otra cara de esta moneda —el poder que los ojos de la muchedumbre llegan a ejercer sobre él, especialmente antes de que él comience a hablar: después de que los fuegos interiores de la oratoria se han convertido en fuego a los ojos de la audiencia, dejan de causar temor en el expositor".
–William Pitternberg, *Extempore Speech*

Los estudiantes que se preparan para hablar en público preguntan con bastante frecuencia: "¿Qué debo hacer para superar la autoconciencia y el miedo que me paralizan delante de la audiencia?"

Cuando vas en un tren ¿alguna vez has notado al mirar desde la ventanilla que algunos caballos pastan cerca de la carrilera sin ni siquiera detenerse a mirar el paso de los vagones, mientras que más adelante del camino, al cruzar por una granja, la esposa de algún campesino está tratando de calmar a su caballo asustado por el ruido al pasar el tren?

¿Cómo entrenarías a un caballo que le teme a los carros? ¿En un lugar del bosque donde nunca vea el humo de los carros, ni escuche el ruido de las bocinas durante las horas de mayor tráfico, ni vea ninguna clase de maquinaria?

Aplica esta experiencia del caballo para liberarte de la autoconciencia y el miedo: hazle frente a la audiencia tan a menudo como te sea posible y pronto dejarás de temerle. Jamás lograrás sentirte libre frente al escenario leyendo sobre el tema. Los libros te darán sugerencias excelentes sobre las mejores tácticas para comportarte dentro del agua, pero tarde o temprano tendrás que echarte a nadar, aprender a flotar e, incluso, afrontar algún susto que te haga "sentir de cerca la muerte". Existe una gran cantidad de trajes de baño "mojados" a la orilla del mar, pero nadie nunca aprende a nadar poniéndoselos. Sumergirse en el agua es la única manera de lograrlo.

Practicar, practicar y PRACTICAR hablando frente a muchas audiencias tiende a eliminar todos tus temores hacia ellas, al igual que la práctica de la natación te conducirá a sentir confianza y dominio propio dentro del agua. Debes aprender a hablar ¡hablando!

El Apóstol Pablo nos dice que cada hombre debe trabajar en su propia salvación. Lo único que podemos hacer a lo largo de esta lectura es ofrecerte sugerencias y estrategias para prepararte para tu inmersión. Sin embargo, tu inmersión real es esa que nadie puede hacer por ti. Tu médico te dará una prescripción, pero eres tú quien debes tomarte la medicina.

No te desanimes si al principio sientes temor en el escenario. Dan Patch fue más susceptible hacia el temor que un caballo frente al ruido del tren. Un tonto jamás sentiría miedo frente a una audiencia porque tal vez sus capacidades no le permitirían sentirlo. Un golpe que mataría a un hombre civilizado tal vez serviría para curar a un salvaje. Cuanto más alto vayamos en la escala de la vida, mayor será la capacidad de sufrimiento.

Por una razón u otra, algunos maestros de la oratoria nunca superaron por completo su temor frente al escenario. Haz que esas experiencias te sirvan para entender que debes hacer un esfuerzo para conquistar tus miedos. Daniel Webster falló en su primera aparición en público y tuvo que tomar su asiento sin terminar su discurso porque se sentía muy nervioso. A menudo, Gladstone era autoconsciente en extremo al comienzo de su experiencia como orador. Beecher siempre lucía perturbado antes de hablar en público.

Algunas veces, los herreros tuercen una cuerda apretada alrededor de la nariz de los caballos causándoles un poco de dolor, pero lo hacen para distraerlos del proceso de calzado. Una manera de sacar el aire de un vaso es vertiendo agua en él.

## Déjate absorber por el tema

Aplica este principio hogareño del herrero cuando estés hablando frente al público. Si estás absorbido en el tema que vas a tratar, pensarás muy poco en otras cosas. La concentración es un proceso de distracción hacia asuntos menos importantes. No te queda tiempo para pensar, por ejemplo, en el estilo de la ropa que llevas puesta, cuando estás en el escenario, así que centra tu interés en lo que estás a punto de decir –llena tu mente con tu discurso y, así como el agua expulsa el aire del vaso, tú también expulsarás tus temores infundados.

La autoconciencia es una conciencia indebida del yo. Si eres sabio, sabrás que, para poder enviarle tu mensaje al público de la manera más adecuada, el yo debe ser secundario a tu tema, no solo en beneficio de la audiencia, sino en el tuyo propio. Asegúrate de centrarte en tu mensaje y aduéñate de él; de lo contrario, sería algo así como considerarte a ti mismo como el expositor de las ideas de otros y no como un mensajero con un mensaje propio, digno de compartir.

¿Recuerdas la obra de Elbert Hubbard titulada *A Message from García*? El joven se ciñó al mensaje que portaba. Eso mismo debes hacer tú respecto a tu mensaje: ser tan tajante como puedas. Es un acto de egoísmo puro intentar llenar tu mente de pensamientos acerca de ti mismo cuando hay algo más importante en juego –es CIERTO. Sin embargo, repítetelo severamente hasta avergonzar a tu conciencia. Si el teatro se prendiera en fuego, tú te precipitarías hacia el escenario y le darías instrucciones a la audiencia sin miedo alguno porque la importancia de lo que tendrías que decir bajo esas circunstancias alejaría de tu mente todos tus pensamientos de temor.

Pero ¡cuidado! Mucho peor que la autoconciencia enfocada en el temor de hacer las cosas mal es la autoconciencia basada en la presunción de hacerlas bien. El primer signo de grandeza surge cuando un hombre no intenta lucir y actuar magníficamente. "Antes de que puedas decir que eres un hombre de verdad", afirma Kipling, "no debes parecer demasiado bueno, ni demasiado sabio".

Nada es tan evidente como la presunción. Uno puede estar tan lleno de sí mismo o vacío. Voltaire decía: "Debemos ocultar el amor propio". Pero eso no se puede hacer y tú lo sabes porque has reconocido egoísmo desmedido en los demás. Y si tú lo tienes, otros lo verán en ti. Hay asuntos en el mundo más grandes que el yo, y al trabajar en ellos, el yo quedará en el olvido o –lo que es mejor– solo nos servirá para ayudarnos a avanzar hacia niveles más elevados.

## Ten algo que decir

El problema con muchos oradores es que ellos se presentan frente a la audiencia con su mente en blanco. No es extraño que la naturaleza, aborreciendo el vacío, los llene con lo más cercano, con lo que más tengan a mano, que suele ser: "Me pregunto si estaré haciendo esto bien, ¿cómo estará mi cabello?" Sus almas proféticas están seguras de tener la razón.

No es suficiente ser absorbidos por el tema —para adquirir confianza en ti mismo debes tener algo en que confiar. Si te presentas frente a una audiencia sin ninguna preparación, ni conocimiento previo del tema, debes ser consciente de ti mismo y sentir vergüenza de estar robándole tiempo a tu público. Prepárate. Infórmate del tema del cual vas hablar, y, en general, piensa cómo vas a decirlo. Alista tus primeras frases para que no tengas problemas desde el comienzo tratando de encontrar las palabras que reflejen lo que quieres decir. Maneja el tema a un nivel superior al de los asistentes y no tendrás nada que temer.

## Espera el éxito, pero después de haberte preparado para alcanzarlo

Que tu rumbo sea modestamente confiado, pero sobre todo, que surja desde tu interior. El exceso de confianza es malo, pero darle lugar al temor al fracaso es peor. Un hombre osado puede llamar la atención por su osadía, mientras que un cobarde le da lugar al desastre.

La humildad no es una depreciación de sí mismos en presencia de los demás; contra esta vieja interpretación ha habido una reacción moderna más sana de lo que en realidad es humildad. La verdadera humildad es la que siente cualquier ser humano que se conoce a fondo; pero no es ese tipo de humildad que asume una mansedumbre semejante a la de un gusano; es más bien una oración fuerte y vibrante pidiendo una mayor capacidad de servicio —una oración que Uriah Heep tal vez nunca elevó.

En una ocasión, Washington Irving llevó a Charles Dickens en una cena ofrecida en su honor. En medio de su discurso, Irving vaciló, se sintió avergonzado y se sentó torpemente. Luego, se dirigió al amigo que tenía a su lado y le dijo: "¡Ocurrió! Te dije que fracasaría y fracasé".

Si crees que fracasarás, no hay esperanza para ti. ¡Fracasarás!

Desecha esa idea de que eres "un pobre gusano en medio de una polvareda". Tú eres un dios con capacidades infinitas. "Todas las cosas están listas, si tu mente lo está". El águila mira de frente al sol despejado.

## Adquiere dominio sobre tu audiencia

En el discurso público, como en la electricidad, hay una fuerza positiva y una negativa. Tú o tu audiencia poseerán el factor positivo. Si lo asumes, será, prácticamente, tuyo. Pero, si asumes el lado negativo, ten la seguridad de que serás negativo. Asumir una virtud o un vicio, los vitaliza. Utiliza todo tu poder de autodirección y recuerda que, aunque tu audiencia es mucho más importante que tú, la verdad es más importante que los dos porque es eterna. Si tu mente falla en su liderazgo, tu espada caerá de tus manos. Tu presunción de ser capaz de instruir o dirigir o inspirar a una multitud, o incluso a un pequeño grupo de personas, puede sorprenderte y llegar a ser una imprudencia colosal –como en realidad lo es. Sin embargo, habiendo ensayado tu discurso, sé valiente. ¡SÉ valiente! Está en ti ser lo que quieras. MANTÉNTE tranquilo y confiado.

Demuestra que tu audiencia no te hace daño. Si Beecher, en Liverpool, le hubiese hablado a su audiencia protegido por una barricada de alambre, los habría invitado a lanzar los misiles tan potentes con los cuales ellos estaban cargados, pero él era un hombre y, como tal, enfrentó a sus oyentes hostiles sin temor y los convenció de su causa.

Cuando estés frente a tu auditorio, detente un momento y mira a los asistentes –existen cien posibilidades contra una de que ellos quieran que tengas éxito. ¿Quién es tan tonto como para perder su tiempo y su dinero con la esperanza de asistir deseando que tú les hagas perder su inversión con una charla aburrida e insulsa?

## Consejos finales

No te apresures por comenzar –la prisa muestra falta de control.

No te disculpes. No es necesario. Y si lo es, las disculpas no ayudarán. Ve directo al punto en cuestión.

Respira profundo, relájate y comienza en un tono de conversación tranquilo como si estuvieras hablando con un gran amigo. No te sentirás tan mal como imaginabas; en realidad, es como una zambullida en agua fría: después de que estás adentro, te sientes más cómodo. De hecho, habiendo hablado un par de veces aprenderás a anticiparte a la zambullida con agrado. Estar delante de una audiencia para compartirle tus pensamientos y transformar su perspectiva es uno de los placeres más grandes que experimentarás. En lugar de temerle a esta experiencia, debes estar tan ansioso por ir en su búsqueda, así como los perros de raza, que tiran al máximo de sus correas; y como los caballos finos, que halan sus riendas.

Por lo tanto, echa fuera el miedo porque el miedo es cobardía – cuando no se le domina. Los más valientes conocen el miedo, pero no ceden ante él. Enfréntate a tu audiencia con serenidad: si tus rodillas tiemblan, haz que se detengan. Hay una victoria en el auditorio esperando por ti y por la causa que representas. ¡Gánatela! Supongamos que Charles Martell hubiera temido al martillar y machacar a sus enemigos en Tours; o que Colón hubiera temido aventurarse hacia un rumbo desconocido; o que nuestros antepasados hubieran sido demasiado tímidos y se hubieran acobardado ante la tiranía de Jorge III; ¡o que cualquier hombre que alguna vez haya hecho algo valioso se hubiera comportado como un cobarde! El mundo les debe su progreso a los hombres que se han atrevido. Tú debes atreverte a hablar la palabra eficaz que está en tu corazón ya que a menudo se requiere coraje para pronunciar aunque sea una frase. Pero recuerda que a los hombres cobardes no les levantan monumentos, ni hay laureles para los que temen hacer lo que quieren.

Suena antipático todo esto, ¿dices?

Hombre, lo que necesitas no es simpatía, sino un empujón. Nadie duda de que el temperamento, los nervios o una enfermedad, e incluso una modestia plausible puedan lograr, solos o combinados; ni de que las mejillas de un orador palidezcan frente a su audiencia, pero tampoco uno puede dudar de que las ganas de triunfar venzan sobre cualquier debilidad. La victoria radica en un estado de ánimo sin miedo. El Profesor Walter Dill Scott afirma: "El éxito o el fracaso en los negocios es causado más por la actitud mental que por la capacidad mental". Destierra de tu vida la actitud de miedo; mejor adquiere la actitud de confianza y recuerda siempre que la única manera de adquirirla es… adquiriéndola.

En este capítulo inicial tratamos de mostrar todo lo que el orador debe tener en cuenta a la hora de hablar en público. Ampliaremos y aplicaremos muchas de estas ideas de una manera más específica; sin embargo, a través de todos estos capítulos sobre este arte que Gladstone consideraba como más poderoso que la prensa pública, repetiremos una y otra vez que lo esencial del discurso público es que le orador tenga confianza en sí mismo.

## PREGUNTAS Y EJERCICIOS

1. ¿Cuál es la principal causa de la autoconciencia?

2. ¿Por qué los animales están libres de ella?

3. ¿Qué observas respecto a la autoconciencia en los niños?

4. ¿Por qué estás libre de ella bajo el efecto del estrés o de situaciones inusuales?

5. ¿Cómo te afectan las emociones moderadas?

6. ¿Cuáles son los dos requisitos fundamentales para la adquisición de la confianza en uno mismo? ¿Cuál es el más importante?

7. ¿Qué efecto tiene la confianza del público?

8. Escribe un discurso de dos minutos sobre el tema "Confianza y cobardía".

9. ¿Qué efecto tienen los hábitos de pensamiento en la confianza?

10. Escribe muy brevemente cualquier experiencia que hayas tenido involucrando las enseñanzas de este capítulo.

11. Haz una charla de tres minutos sobre "El temor al escenario" e incluye una imitación amable de dos o más víctimas de este temor.

## CAPÍTULO 2

## EL PECADO DE LA MONOTONÍA

> "Un día, el desazón nació de la monotonía".
> –Motte

Los idiomas van cambiando con los años y hoy muchas palabras tienen más connotaciones que la original. Esto aplica a la palabra *monótona*. De significar "tener un solo tono" ha llegado a tener un significado mucho más amplio: "falta de variación".

El orador monótono no solo avanza en su discurso manteniendo siempre el mismo volumen y tono, sino que utiliza el mismo énfasis, la misma velocidad, los mismos pensamientos –o los expande demasiado.

La monotonía, el pecado cardinal y más común del orador público, no es una transgresión; es más bien un pecado de omisión que consiste en vivenciar la confesión del Libro de Oración: "Hemos dejado sin hacer lo que debimos haber hecho".

Emerson afirma: "La virtud del arte reside en el desapego, en alejar un objeto de su embarazosa monotonía". Eso es precisamente lo que los oradores monótonos no hacen –no separan un pensamiento de otro, ni una frase de otra. Todos se expresan de la misma manera.

Decirte que tu discurso es monótono tal vez significa muy poco para ti, así que veamos la naturaleza –y la maldición– de la monotonía en otras esferas de la vida y luego apreciaremos más plenamente de qué manera se destaca un buen discurso.

Si en el apartamento adyacente al tuyo solo suenan las mismas tres canciones una y otra vez, es bastante seguro asumir que tu vecino no tiene más música. Si un orador utiliza solo algunas de sus cualidades, está dejando ver que no ha desarrollado otras. La monotonía revela nuestras limitaciones.

El efecto de la monotonía sobre sus víctimas es bastante letal: apaga la lozanía de sus mejillas y el brillo de sus ojos tan rápido como el pecado y, a menudo, las conduce hacia la viciosidad. El peor castigo que el ingenio humano ha sido capaz de inventar es la extrema monotonía y el aislamiento. Si pones un mármol sobre una mesa y no haces nada sobre él durante 18 horas al día, y solo lo cambias de un lado para otro una y otra vez, te volverás loco al hacer esto mismo con frecuencia.

Así que, esa monotonía que acorta la vida y se usa como el más cruel de los castigos en nuestras cárceles es la misma que destruirá la vivacidad y el poder de un discurso. Evítala como se evita a un aburrido mortal. Los "ricos ociosos" se dan el lujo de tener media docena de hogares, ordenar todas las variedades de alimentos que se consiguen a lo largo y ancho de las cuatro esquinas de la tierra y navegar por África o Alaska a su gusto; pero el hombre afectado por la pobreza debe caminar largas distancias o tomar transporte público –él debe pasar la mayor parte de su vida en el trabajo y estar contento con los alimentos básicos del mercado que puede adquirir con lo poco que gana. La monotonía es pobreza, ya sea en el campo del habla o en la vida en general. Esfuérzate por aumentar la variedad de tu discurso, así como el hombre de negocios trabaja para aumentar su riqueza.

Ni el canto de los pájaros, ni las colinas de los bosques, ni las montañas son monótonos. La monotonía se encuentra a lo largo de las extensas hileras de las fachadas de piedra marrón y en los kilómetros de calles pavimentadas que son terriblemente iguales. La naturaleza, en su riqueza, nos da variedad sin fin; el hombre, con sus limitaciones, a menudo es monótono. Imita a la naturaleza en cuanto a tus métodos para hablar frente al público.

El poder de la variedad radica en la calidad del placer. Con frecuencia, las grandes verdades del mundo se han expresado en historias fascinantes –*Los Miserables*, por ejemplo. Si deseas enseñar o influenciar a los demás, debes complacerlos, bien sea al principio o al final. Golpea la misma nota en el piano una y otra vez. Así tendrás una idea del desagradable efecto que ejerce la monotonía en el oído humano. El diccionario define *monótono* como sinónimo de *fastidioso*. Eso, por decirlo sutilmente, porque, en realidad, la monotonía es enloquecedora. El dueño de una tienda por departamentos no disgusta a su clientela haciendo sonar una y otra vez la misma melodía, sino que procura complacerla con música de fondo agradable. Y, como es apenas natural, la gente transita a gusto y en muy buen estado de ánimo por el almacén y compra.

## Cómo vencer la monotonía

Erradicamos la monotonía de nuestro vestuario comprando ropa nueva. Evitamos la monotonía en el habla multiplicando nuestra capacidad para expresarnos. Y la multiplicamos aumentando nuestras herramientas.

El carpintero tiene a su alcance herramientas especiales con las cuales construir las partes de madera de un edificio. El organista cuenta con ciertas claves y pausas que él sabe cómo manipular para producir sus armonías y ciertos efectos. De la misma manera, el orador también cuenta con ciertos instrumentos y herramientas a su disposición mediante los cuales construye su mensaje, mueve emociones y guía las opiniones de su audiencia. El propósito de los capítulos siguientes es darte una concepción de todos estos instrumentos y brindarte una ayuda práctica para que aprendas a usarlos.

¿Por qué los hijos de Israel no giraron en el desierto en limusinas y por qué Noé no tenía entretenimientos de imágenes en movimiento, ni máquinas interactivas en el arca? Las leyes que nos permiten operar un automóvil, producir imágenes en movimiento o música en un celular habrían funcionado tan bien en ese entonces como lo hacen hoy. Fue la ignorancia de esas leyes la que durante años privó a la Humanidad de nuestras comodidades modernas. Muchos oradores todavía usan en sus discursos los métodos propios de los tiempos de los carruajes tirados por bueyes en lugar de emplear métodos equivalentes a esta época de las comunicaciones modernas como las que son posibles a partir del uso del internet. Son ignorantes de las leyes que hacen eficaz el discurso público. Solo en la medida en que tengas en cuenta y utilices las leyes que estamos a punto de examinar y de aprender a implementar, serás eficiente y obtendrás poder en tu manera de hablar; y solo en la medida en que las ignores, tu discurso será débil e ineficaz. Nunca seremos lo suficientemente enfáticos en mostrarte la necesidad que tienes respecto a ejercer una verdadera maestría sobre estos principios. Ellos son los fundamentos mismos del discurso público exitoso. "Aprende e implementa bien tus principios", dijo Napoleón, "y el resto es cuestión de detalles".

Es inútil tratar de calzar un caballo muerto, y ni todos los buenos principios de la cristiandad harán nunca un discurso vivo de uno muerto. Así que, debes entender que hablar en público no es una cuestión de dominar algunas reglas muertas; el principio más importante del discurso público es la necesidad de la verdad, la fuerza, el sentimiento y la vida. Olvida todo lo demás, pero no esto.

Cuando hayas dominado la mecánica del discurso descrita en los próximos capítulos, ya no estarás preocupado por la monotonía. El conocimiento completo de estos principios, y la capacidad de aplicarlos, le darán gran variedad a tu capacidad de expresión. Pero no los dominarás, ni podrás aplicarlos con solo pensar en ellos o leyéndolos. Debes practicar, practicar, PRACTICAR. Si nadie más te escucha, escúchate a ti mismo –siempre debes ser tu mejor crítico y el más severo de todos.

Los principios técnicos que establecemos en los siguientes capítulos no son creaciones arbitrarias nuestras. Todos ellos se basan en las prácticas que los buenos oradores y actores adoptan –bien sea de manera natural e inconsciente o bajo instrucción– para obtener sus efectos.

Es inútil advertirle al estudiante del discurso público que debe ser natural. Ser natural puede ser monótono. Las pequeñas fresas que crecen en las regiones árticas con unas cuantas semillas diminutas son frutas naturales, pero no se comparan con la variedad mejorada de fresas que disfrutamos aquí. El roble enano en la ladera rocosa es natural, pero es un producto pobre en comparación con el hermoso árbol que se encuentra en los ricos y húmedos terrenos bajos. Sé natural, pero mejora tus dones naturales hasta que te hayas acercado a la versión ideal de ti mismo –debemos esforzarnos como la naturaleza para obtener la fruta, el árbol y el discurso ideal.

## PREGUNTAS Y EJERCICIOS

1. ¿Cuáles son las causas de la monotonía?

2. Cita algunos casos en la naturaleza.

3. Cita ejemplos en la vida cotidiana del ser humano.

4. Describe algunos de los efectos de la monotonía en ambos casos.

5. Lee en voz alta un discurso sin prestarle atención específica a su significado o fuerza.

6. Ahora repítelo después de haberlo asimilado completamente. ¿Qué diferencia notas en su interpretación?

7. ¿Por qué la monotonía es una de las peores y la más común de la fallas de los oradores?

# CAPÍTULO 3

## CÓMO LOGRAR EFICIENCIA A TRAVÉS DEL ÉNFASIS Y LA SUBORDINACIÓN

> "En pocas palabras, el principio de énfasis... se cumple mejor, no por el hecho de tener en cuenta ciertas reglas en particular, sino por un sentimiento en particular".
> –C.S Baldwin, *Writing and Speaking*

La pistola que dispersa demasiado sus municiones no les da a los pájaros. El mismo principio se aplica al discurso público. El orador que dispara su fuerza y hace énfasis al azar en una oración no obtendrá resultados. No todas las palabras tienen una importancia especial; por lo tanto, solo ciertas palabras exigen énfasis.

Tú dices MassaCHUsetts y MinneAPolis sin enfatizar cada sílaba por igual, sino marcando la sílaba acentuada con fuerza y pronunciando las demás sin darles importancia. Ahora bien, ¿por qué no aplicas este principio al pronunciar una oración? Hasta cierto punto, lo haces en el lenguaje cotidiano, pero ¿lo haces durante un discurso público? Es ahí donde la monotonía causada por la falta de énfasis es bastante dolorosa.

En lo referente al énfasis, considera la frase promedio como una sola palabra grande dentro de la cual la palabra importante vendría siendo la sílaba acentuada. Observa la siguiente frase:

"El destino no es una cuestión de azar, es una cuestión de elección".

Así como dices MASS-A-CHU-SETTS, haciendo igual énfasis en cada una de las sílabas, de la misma forma podrías poner el mismo énfasis en cada palabra de la frase anterior.

Dila en voz alta y verás. Es obvio que querrás enfatizar en "el destino" porque esa es la parte central de tu declaración; también pondrás énfasis en "no", de lo contrario tus oyentes pensarán que estás afirmando que el destino es una cuestión de azar. Por supuesto, también debes enfatizar "azar", porque es una de las dos grandes ideas de la declaración.

Otra razón por la que "azar" lleva énfasis se debe a que contrasta con la siguiente declaración que va en la oración. Obviamente, he contrastado estas ideas a propósito para que sean más enfáticas y así mostrar que el contraste es uno de los primeros dispositivos útiles para hacer énfasis.

Como orador público, tú puedes hacer este énfasis de contraste utilizando tu tono de voz. Si dices: "Mi caballo no es negro", ¿qué color viene a la mente? El blanco, naturalmente, porque es lo opuesto al negro. Si deseas hacer obvia la idea de que el destino es una cuestión de elección, lograrás demostrarlo de manera más eficaz diciendo primero que "el DESTINO NO es una cuestión de oportunidad". ¿No nos impacta más el color del caballo cuando dices: "Mi caballo NO ES NEGRO, es BLANCO" que si nada más afirmaras que tu caballo es blanco?

En la segunda oración de la declaración solo hay una palabra importante –elección. Esa es la única palabra que afirma el punto de vista del tema en discusión y era necesario hacer énfasis en ella contrastándola con otra idea. Esta frase, entonces, se leería así:

"EL DESTINO NO es una cuestión de OPORTUNIDAD, es una cuestión de ELECCIÓN".

Ahora vuelve a leerla enfatizando en las palabras en mayúsculas con mucha fuerza. En casi todas las oraciones hay unas cuantas palabras PICO que representan aspectos importantes del enunciado. Cuando recoges el periódico en las mañanas, de un vistazo deduces cuales son las noticias importantes. Gracias al editor, el periódico no se refiere a un "atraco" en Hong Kong en el mismo tamaño de letra que usa para reportar la muerte de cinco bomberos en su ciudad natal. El tamaño de la letra es la herramienta que él emplea para mostrar énfasis y además la usa en negrita. Incluso a veces se destaca en color rojo la noticia sorprendente del día.

Sería una bendición si en la redacción del discurso los oradores mantuvieran la atención de sus audiencias de esta misma manera e hicieran énfasis solo en las palabras que representan los aspectos importantes de la idea. El orador promedio pronunciará la frase anterior sobre el destino con casi la misma cantidad de énfasis en cada palabra. En lugar de decir: "Es una cuestión de ELECCIÓN", él dirá: "Es una cuestión de elección" o "ES UNA CUESTIÓN DE ELECCIÓN ", ambas igualmente erróneas.

Charles Dana, el famoso editor de *The New York Sun*, le dijo a uno de sus periodistas que si iba por la calle y veía a un perro morder a un hombre, no le prestara atención. "El periódico no puede permitirse el lujo de desperdiciar el tiempo ni la atención de sus lectores en tales acontecimientos sin importancia. Pero", continuó Dana, "si ves a un hombre mordiendo a un perro, date prisa, regresa a la oficina y escribe la historia". Por supuesto que eso es noticia; es un hecho inusual.

Ahora, el orador que dice: "ES UNA CUESTIÓN DE ELECCIÓN" está poniendo demasiado énfasis en los aspectos que no son más importantes para los lectores metropolitanos que una mordedura de perro; y cuando no hace hincapié en "elección", es como el reportero que "deja pasar por alto" la noticia del hombre que está mordiendo un perro. El orador ideal hace que las palabras cruciales se destaquen como picos de montaña; sus palabras sin importancia dentro de la frase están sumergidas como lechos de arroyo. Sus grandes pensamientos son como enormes robles; sus ideas sin algún valor especial son como la hierba alrededor del árbol.

De todo esto podemos deducir un importante principio: El ÉNFASIS es una cuestión de CONTRASTE y COMPARACIÓN.

En una ocasión, el *New York American* presentó un editorial de Arthur Brisbane. Ten en cuenta lo siguiente –fue publicado de esta misma forma:

"No sabemos lo que el presidente PENSÓ cuando recibió ese mensaje, así como tampoco sabemos lo que el elefante piensa cuando ve un ratón. Lo que sí sabemos es lo que el presidente HIZO".

Las palabras PENSÓ e HIZO llaman de inmediato la atención del lector porque son diferentes de las demás, y no porque sean más grandes. Si todo el resto de palabras en esta oración se hicieran diez veces más grandes, y se mantuvieran PENSÓ e HIZO en su tamaño actual, aun así sobresaldrían porque son diferentes.

Tomemos el siguiente texto de la novela de Robert Chambers, *The Business of Life*, en el que las palabras "tú", "hubiera" y "habría" son enfáticas:

"Él la miró con asombro, enojado.

—Bueno, ¿cómo lo llamas *tú* si no es cobardía... escabullirte y casarte con una muchacha indefensa como ella?

—¿Esperabas que te diera la oportunidad de destruirme y de envenenar la mente de Jacqueline? Si yo *hubiera* sido culpable de lo que me acusas, lo que he hecho *habría* sido una cobardía. De lo contrario, estoy justificado".

Un autobús de los que transitan por la Quinta Avenida atraería la atención en Minisink Ford, Nueva York, de la misma manera en que una de las carretas haladas por bueyes que atraviesan con frecuencia las fincas en el campo atraería la atención en la Quinta Avenida. Para hacer énfasis en una palabra es necesario que su entonación sea diferente a la de las palabras que la rodean. Si has estado hablando en voz alta, pronuncia la palabra enfática en un susurro bajo y obtendrás un énfasis intenso; si vas rápido, ve más lento al pronunciar la palabra enfática; si hablas en un tono bajo, salta a uno alto y harás énfasis en la palabra importante. Si estás hablando en un tono alto, usa uno bajo al articular tus ideas enfáticas. Lee los capítulos sobre "Eficiencia mediante el cambio de tono", "Eficiencia mediante el cambio de ritmo", "Pausa y potencia, "Eficiencia a través de la inflexión", "Sentimiento y entusiasmo". Cada uno de ellos te explicará en detalle cómo enfatizar el uso de este principio.

En este capítulo, sin embargo, estamos considerando solo una forma de hacer énfasis: la de aplicar la fuerza a la palabra importante y subordinar las palabras sin importancia. No olvides: este es uno de los principales métodos para lograr los efectos que quieras.

No confundas sonoridad con énfasis. Gritar no es un signo de seriedad, inteligencia o sentimiento. El tipo de fuerza que le apliques a la palabra enfática no es enteramente físico. Ciertamente, la palabra enfática se puede decir más fuerte o más suavemente, pero la verdadera cualidad deseada es la intensidad, la seriedad. Debe venir de adentro.

Anoche, un orador dijo:

"La maldición de este país no es la falta de educación, sino de política".

Su énfasis estuvo en "maldición", "falta", "educación", "política". Las otras palabras fueron apresuradas y, por lo tanto, no tuvieron ninguna importancia. Además, expresó la palabra "política" con gran sentimiento mientras agitaba sus manos con indignación. Su énfasis era correcto y poderoso. Supo concentrar toda la atención de su audiencia en las palabras de mayor significado y no en palabras como "este", "es" "la", "de".

¿Qué pensarías de un guía turístico que accede a mostrarle Nueva York a un visitante y luego utiliza el tiempo del tour paseándolo por lavanderías chinas y salones de belleza? Solo hay una razón para que un orador pida la atención de su público: él debe tener una verdad que decir o algo muy entretenido que ofrecer. Si él desgasta la atención de su auditorio en tonterías, los asistentes no sentirán la misma vivacidad ni el interés que él les causaría si compartiera verdades que estén a la altura de Wall Street y de los rascacielos citadinos. Tú no te detienes en pequeñas palabras en tus conversaciones cotidianas porque no eres un conversador aburridor. Aplica el método correcto del habla cotidiana al escenario. Como ya hemos señalado antes, hablar en público es muy parecido a sostener una conversación, solo que ampliada.

A veces, para hacer mayor énfasis, es aconsejable marcarlo en cada sílaba de la palabra importante, como en la siguiente oración:

Yo me niego to–tal–men–te a aceptar tu demanda.

De vez en cuando, este principio también debe aplicarse a una frase enfática haciendo hincapié en cada palabra. Esa es una buena estrategia para causar una atención especial y proporcionar una variedad agradable. Patrick Henry podría haber enviado su mensaje de esa manera y hubiera sido muy eficaz:

"Dame–mi–libertad–o–dame–la–muerte".

La parte en cursiva del siguiente texto también podría tener este mismo tipo de énfasis en cada palabra. Por supuesto, hay muchas maneras de marcarlo; esta es solo una de varias buenas interpretaciones:

"Conociendo el precio que *debemos* pagar, el sacrificio que *debemos* hacer, las cargas que *debemos* soportar, los asaltos que *debemos* soportar –sabiendo muy bien el *costo*–, nos *alistamos*, y nos alistamos para la *guerra*. Porque conocemos la justicia de nuestra *causa* y estamos *seguros* del triunfo".

–De *Pass Prosperity Around*, de Albert J. Beveridge, antes de la Convención Nacional de Chicago del Partido Progresista.

Enfatizar fuertemente una sola palabra tiende a sugerir su antítesis. Observa cómo el significado cambia nada más poniendo énfasis en palabras diferentes en la siguiente oración. Las expresiones entre paréntesis no serían realmente necesarias para complementar las palabras enfáticas:

Quise comprar una casa esta primavera (incluso si no lo hiciste).

QUISE comprar una casa esta primavera (pero algo ocurrió).

Quise COMPRAR una casa esta primavera (en lugar de alquilarla como hasta ahora).

Quise comprar una CASA esta primavera (y no un automóvil).

Quise comprar una casa ESTA primavera (en lugar de la próxima primavera).

Quise comprar una casa esta PRIMAVERA (no en otoño).

Cuando aparece una gran noticia en los periódicos, estos no enfatizan el mismo hecho una y otra vez, sino que tratan de obtener nueva información o un "nuevo punto de vista" al respecto. La noticia que ocupa un lugar importante en la edición de la mañana será relegada a un pequeño espacio en la edición de la tarde. Los lectores estamos interesados en nuevas ideas y nuevos hechos. Este mismo principio tiene un rol muy importante en la determinación de tu énfasis. No hagas hincapié en la misma idea una y otra vez, a menos que desees marcar un énfasis adicional en ella. Por ejemplo, en uno de sus discursos, el Senador Thurston deseaba hacer el máximo énfasis sobre la palabra "fuerza" y la enfatizaba una y otra vez para dejar en claro su importancia.

Como regla general, sin embargo, la nueva idea o el "nuevo punto de vista", ya sean durante un reportaje periodístico, o al interior del enunciado de un orador, son enfáticos.

En la siguiente selección, la expresión "más grande" es enfática porque es la nueva idea. Todos los hombres tienen ojos, pero este astrónomo pide un ojo MÁS GRANDE porque dice que va a descubrir, no ríos, ni aparatos de seguridad para los aviones, sino NUEVAS ESTRELLAS y SOLES.

"Nuevas estrellas y soles" no es una expresión tan enfática como "más grande". ¿Por qué? Porque esperamos que un astrónomo descubra cuerpos celestiales y este, en sí, es un hecho de gran importancia. ¡No está descubriendo simples recetas de cocina!

La frase "necesita hoy la república" –que también pertenece al siguiente párrafo– también es enfática porque introduce una idea nueva e importante. Las repúblicas siempre han necesitado hombres, pero el autor dice que necesitan hombres NUEVOS. "Nuevos" es enfático porque introduce una nueva idea. De la misma manera, "suelo", "grano" y "herramientas", también son palabras enfáticas.

Las frases y palabras más enfáticas están en cursiva. ¿Hay otras que tú enfatizarías? ¿Por qué?

"El viejo astrónomo dijo: 'Dame un ojo *más grande* y descubriré *nuevas estrellas y soles*'. Eso es lo que n*ecesita hoy la república*: hombres *nuevos*, hombres sabios respecto a la importancia del *suelo*, de los *granos*, de las *herramientas*. Si Dios levantara para el pueblo *solo* dos o tres hombres como Watt, Fulton y McCormick, ellos valdrían *más* para el Estado que esa *caja* del *tesoro* llamada California o México. Además, la *verdadera* supremacía del hombre se basa en su *capacidad* de educación. El hombre es *único* en la duración de su infancia, –ese período de la *plasticidad* y *la educación*. La infancia de una *polilla*, ese periodo entre la ruptura del huevo y su madurez, es cuestión de unas *pocas* horas o unas *pocas* semanas, pero hay *veinte* años entre la cuna del hombre y su *mayoría* de edad para que él alcance *todo* su crecimiento. Esta infancia prolongada hace posible entregarle al niño *todo* el conocimiento acumulado por razas y civilizaciones a través de *miles* de años".

–Anónimo.

Debemos entender que no hay reglas de énfasis escritas en piedra. No siempre es posible designar qué palabra debe o no debe ser enfatizada. Un orador pondrá una interpretación en un discurso mientras que otro orador hará un énfasis diferente en ese mismo discurso para darle una interpretación distinta. Nadie puede decir que una interpretación es correcta y la otra equivocada. Tengamos en cuenta este principio en todos nuestros ejercicios. Aquí, tu propia inteligencia debe guiarte –y en gran medida, para tu beneficio.

## PREGUNTAS Y EJERCICIOS

1. ¿Qué es énfasis?

2. Describe un método de destruir la monotonía de un discurso.

3. ¿Qué relación hay entre la monotonía y el uso de la voz?

4. ¿Qué palabras se deben enfatizar en una oración?

5. Lee los ejemplos de énfasis anteriores prestando especial atención en enfatizar las palabras o frases importantes y subordinando las que no son importantes. Lee de nuevo, pero cambiando ligeramente el énfasis. ¿Cuál es el efecto?

6. Lee algunas oraciones repetidamente enfatizando una palabra diferente cada vez y observa cómo cambia el significado.

7. ¿Cuál es el efecto del énfasis?

8. ¿Cuál es el efecto de la falta de énfasis?

9. ¿Cuándo es permisible enfatizar cada palabra en una oración?

10. Observa el énfasis en alguna conversación que hayas escuchado. ¿Estaba bien hecho? ¿Por qué? ¿Podrías sugerir algún énfasis mejor?

11. Elige un artículo de un periódico, una revista, un informe o un elogio biográfico y analiza en dónde estuvo el énfasis y por qué.

## CAPÍTULO 4

# EFICIENCIA MEDIANTE EL CAMBIO DE TONO

> "El discurso es una forma modificada del canto: la principal diferencia está en el hecho de que en el canto las vocales son prolongadas y los intervalos son cortos, mientras que en el discurso las palabras se pronuncian en los que se conocen como tonos *staccato*; las vocales no son prolongadas y los intervalos entre las palabras son distintos. El hecho de que en el canto tengamos un mayor rango de tonos no lo distingue del habla cotidiana. Al hablar, tenemos también una variación de tonos; incluso en la conversaciones espontaneas hay una diferencia de tres a seis semitonos, según he encontrado en mis investigaciones, y porque en algunas personas el rango es tan alto como una octava".
> –William Scheppegrell, *Popular Science Monthly*

Por tono, como todo el mundo sabe, nos referimos a la posición relativa de una entonación vocal –como, alto, medio, bajo o cualquiera de sus variaciones. En el discurso público no lo aplicamos a un solo enunciado, como una exclamación o un monosílabo (Oh! o él), sino a cualquier grupo de sílabas, palabras e incluso oraciones que se pueden decir en un solo tono. Es importante tener en cuenta esta distinción porque el hablante eficiente cambia el tono de las sílabas sucesivas (véase el Capítulo 7: Eficiencia a través de la inflexión) y además les da un tono diferente a las distintas partes o grupos de palabras o frases sucesivas. Este es el tema que estaremos considerando en este capítulo.

## Cada cambio en el pensamiento exige un cambio en el tono de voz

Ya sea que el orador siga la regla de manera consciente, inconsciente o subconsciente, esta es la base lógica sobre la cual se hace toda la buena variación de la voz. Sin embargo, esta ley es más infringida que cualquiera otra por los oradores públicos. Un criminal puede ignorar una ley del Estado sin detección y castigo, pero el orador que ignora esta regulación sufre su pena de inmediato mediante la pérdida de eficacia, mientras que sus indefensos oyentes deben soportar su monotonía, –porque la monotonía no es solo un pecado que sufre quien lo comete, como hemos demostrado, sino que también lo padecen sus víctimas.

Cambiar de tono es un obstáculo para casi todos los oradores principiantes –y también para muchos con experiencia. Esto es cierto sobre todo cuando el orador ha memorizado cada palabra de su discurso.

Si deseas oír cómo suena una sola tonalidad, toca la misma nota en el piano una y otra vez. Tú tienes en tu voz una gama que va del tono más alto al más bajo, con un gran número de tonos entre los extremos. Con todas estas notas disponibles no hay excusa para ofender el oído y el gusto de tu audiencia mediante el uso continuo de una misma nota. Es cierto que la reiteración del mismo tono en la música –como en el punto de pedal en una composición de órgano– le da belleza a la pieza musical pues la armonía que se teje sobre ese tono básico produce consistencia. De la misma manera, la entonación de la voz en un ritual puede –aunque raramente lo hace– poseer una belleza solemne. Pero el orador público debe evitar la monotonía como si se tratara de una pestilencia.

## El cambio continuo de tono es el método que más se manifiesta en la naturaleza

En nuestra búsqueda de los principios de eficiencia debemos volver continuamente a la naturaleza. Escucha, escucha los pájaros cantar. ¿Cuáles de estas tribus emplumadas son más agradables en sus esfuerzos vocales: aquellas cuyas voces, aunque dulces, tienen poco o nada de alcance; o aquellas que, como el canario, la alondra y el ruiseñor, poseen no solo un rango considerable de tonos, sino que expresan su notas en variedad continua de combinaciones? Incluso un chirrido de dulce tono, cuando se repite sin cambio, puede llegar a enloquecer al forzado oyente.

El niño rara vez habla en un tono monótono. Escucha las conversaciones espontáneas de los pequeñines en las calles o en casa y detalla los continuos cambios de tono que ellos hacen. El discurso inconsciente de la mayoría de los adultos también está lleno de variaciones agradables.

Imagínate que alguien hable lo siguiente y considera si el efecto no sería tal como se indica. Recuerda, no estamos discutiendo ahora la inflexión de palabras solas, sino el tono general en el que se dicen las frases:

(Tono alto) "Quisiera irme a mis vacaciones mañana, – (más abajo) pero todavía tengo tanto que hacer. (Superior) Sin embargo, supongo que, si espero hasta que tenga tiempo, nunca iré".

Repite la frase, primero en los tonos indicados y luego, todo en el mismo tono, como harían muchos oradores. Observa la diferencia en la naturalidad del efecto.

En el siguiente ejercicio debes usar un tono conversacional y hacer numerosos cambios de tono. Practícalo hasta que tu forma de decirlo cause que algún extraño en la habitación contigua piense que estás discutiendo un incidente real con alguien y no repitiendo un monólogo memorizado. Si tienes alguna duda sobre el efecto que has logrado, repíteselo a un amigo y pregúntale si suena a palabras memorizadas. Si su respuesta es afirmativa, todavía lo estás haciendo mal.

## Un caso similar

"Jack, supe que fuiste y lo hiciste. –Sí, lo sé; la mayoría de mis amigos también lo hará; fui y lo intenté una vez por mí mismo, señor, aunque usted ve que todavía estoy soltero. ¿Y la conociste –me dijiste– en Newport, en julio pasado, y resolviste hacerle la pregunta en una fiesta? Yo, también.

Supongo que saliste del salón de baile, con su música y su luz; porque dicen que la llama del amor es más brillante en la oscuridad de la noche. Bueno, caminaban juntos, sobre el cielo estrellado; y apuesto a que, viejo, confiésalo, te asustaste. Yo, también.

Así que pasearon por la terraza, vieron la luz de la luna de verano verter todo su resplandor en las aguas que ondulaban en la orilla hasta que, finalmente, reuniste el valor y, cuando viste que no había nadie cerca, la atrajiste hacia ti para decirle que la amabas. Yo, también.

Bueno, no necesitaba preguntarte nada más; te deseo lo mejor. Creo que voy a ir a verte cuando ya estés casado... ¿eh, muchacho? Cuando la luna de miel haya terminado y ya te hayas establecido, intentaremos... –¿Qué? ¿El empate que usted dice? ¡Rechazado!– ¿Lo rechazaste? Yo, también".

–Anónimo.

La necesidad de cambiar el tono es tan evidente que hay que practicar a cada instante. Sin embargo, se requiere de ejercicio paciente para liberarnos de su monotonía.

En una conversación espontánea, primero piensas en una idea y luego encuentras las palabras para expresarla. En discursos memorizados, es probable que digas las palabras y luego pienses lo que significan –muchos oradores parecen preocuparse muy poco sobre eso. ¿Es de extrañar que al revertir el proceso se reviertan también los resultados? ¡Imita a la naturaleza en tus métodos de expresión!

Lee la siguiente selección de manera despreocupada, sin detenerte a pensar lo que en realidad significan las palabras. Inténtalo otra vez, estudiando con cuidado lo que asimilaste. Cree en la idea, intenta expresarla con eficacia e imagínate una audiencia frente a ti. Mira a los asistentes seriamente a la cara y repite esta verdad. Si sigues las instrucciones, observarás que has realizado muchos cambios de afinación después de varias lecturas.

"No es el trabajo el que mata a los hombres; es la preocupación. El trabajo es saludable y, difícilmente, pone en un hombre más de lo que él puede soportar. En cambio, la preocupación es como el óxido sobre una hoja. No es la revolución la que destruye la maquinaria, sino la fricción".

–Henry Ward Beecher.

## El cambio de tono produce énfasis

Esta es una declaración muy importante. La variedad de tono mantiene el interés del oyente, pero una de las maneras más seguras de captarlo y mantenerlo –para lograr hacer un énfasis inusual– es cambiando el tono de tu voz de repente y en un grado marcado. Un gran contraste despierta siempre la atención. El blanco parece más blanco junto al negro; un cañón ruge más alto en el silencio del Sahara que en el centro de Chicago, lleno de fieras –son simples ilustraciones del poder del contraste.

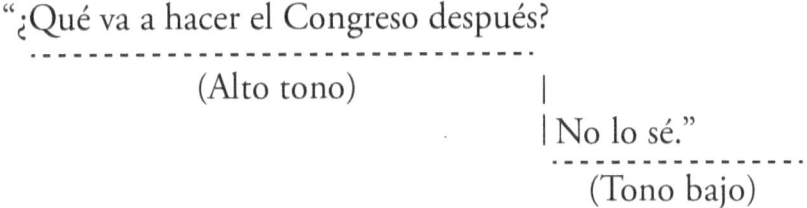

Con tan repentino cambio de tono durante un sermón, el Dr. Newell Dwight Hillis logró hacer un gran énfasis y sugirió la gravedad de la pregunta que había planteado.

El orden anterior de cambio de tono podría ser revertido con un efecto igualmente bueno, aunque con un ligero cambio en la ceremoniosidad. Cualquiera de las dos maneras produce énfasis cuando se utilizan con inteligencia, es decir, con una apreciación del sentido común del tipo de énfasis que se quiere alcanzar.

Al intentar estos contrastes de tono es importante evitar extremos desagradables. La mayoría de los oradores emite su voz en un tono demasiado alto. Uno de los secretos de la elocuencia en la oratoria de Bryan es su voz baja y campaniforme. Shakespeare dijo que una voz suave, suave y baja era "una cualidad excelente en la mujer". También lo es en el hombre porque una voz no tiene que ser descarada para ser poderosa, ni debe serlo para ser agradable.

Para terminar, enfaticemos de nuevo sobre la importancia de usar variedad en el tono. Tú cantas arriba y abajo de la escala, primero tocando una nota y luego otra arriba o debajo de ella. Haz lo mismo al hablar.

El pensamiento y el gusto individual deben ser siempre tu guía en cuanto a donde utilizar un tono bajo, uno moderado o uno alto.

## PREGUNTAS Y EJERCICIOS

1. Menciona dos métodos de combatir la monotonía y ganar fuerza al hablar.

2. ¿Por qué es necesario un cambio continuo del tono al hablar?

3. Observa tus tonos habituales al hablar. ¿Son demasiado altos para ser agradables?

4. Expresa algunos pensamientos y emociones usando tonos bajos y altos. ¿Qué se puede expresar en tono alto o bajo? Emoción. Victoria. Derrota. Dolor. Amor. Seriedad. Miedo.

5. ¿Cómo cambiarías naturalmente el tono al introducir una expresión explicativa o entre paréntesis como la siguiente: "Comenzó, es decir, se preparó para comenzar (el tres de septiembre)".

6. Di las siguientes líneas con variaciones tan marcadas en el tono como tu interpretación del sentido te dicte. Prueba cada línea de dos formas diferentes. ¿Cuál, en cada caso, es la más efectiva y por qué?

    a. ¿Qué tengo que ganar de ti? Nada.

    b. Implicar a nuestra nación en semejante acuerdo sería una infamia.

    c. Una vez las flores destilaron su fragancia aquí, pero ahora, mira las devastaciones de la guerra.

    d. Había calculado sin tener en cuenta un factor primordial: su conciencia.

    Nota: En las oraciones anteriores, experimenta dónde sería mejor el cambio de tono.

7. Haz un diagrama de una conversación que hayas escuchado y marca donde se usaron los tonos altos y bajos. ¿Fueron aconsejables estos cambios en el tono? ¿Por qué sí o por qué no?

## CAPÍTULO 5

## EFICIENCIA MEDIANTE EL CAMBIO DE RITMO

Los latinos nos han legado una palabra para la cual no existe un equivalente preciso en nuestra lengua inglesa. Por lo tanto, la hemos aceptado sin mayores cambios: es la palabra ritmo, que significa la velocidad del movimiento medida por el tiempo consumido en la ejecución de dicho movimiento.

Hasta ahora, su uso se ha limitado en gran medida a las artes vocales y musicales, pero no sería sorprendente escuchar el ritmo aplicado a asuntos más concretos, ya que ilustra a la perfección el verdadero significado de la palabra para decir, por ejemplo, que una carreta de bueyes va a ritmo lento o que un tren expreso va a un ritmo rápido; nuestras armas que disparan seiscientas veces por minuto, disparan a un ritmo rápido; el viejo mechero que requería tres minutos para cargar, disparó a un ritmo lento. Todo músico entiende este principio: se requiere más ritmo para cantar media nota que una octava nota.

Hasta el día de hoy, el ritmo es un elemento fundamental para realizar un buen trabajo en el escenario ya que, cuando un orador habla casi a la misma velocidad, se está privando de utilizar una de sus herramientas primordiales para hacer énfasis y lograr que su discurso tenga poder. El lanzador de béisbol, el jugador de cricket, el servidor de tenis, todos ellos conocen el valor del cambio de ritmo en la entrega de su bola. De igual manera, el orador público debe mostrar ese mismo poder.

## El cambio de ritmo le da naturalidad al discurso

La naturalidad, o por lo menos, la aparente naturalidad, es una característica muy deseable al hablar. El cambio continuo de ritmo les ayuda tanto al orador como a quienes lo escuchan. Howard Lindsay, director de escena de Margaret Anglin, afirma que el cambio de ritmo es una de las herramientas más eficaces del actor. Si bien hay que admitir que los actores deben saber interpretar sus líneas, el orador público haría bien en estudiar el uso que el actor le da al tempo.

Sin embargo, existe una fuente fundamental y efectiva para estudiar la naturalidad –rasgo que, una vez perdido, no es fácil de recapturar y es muy necesario en las conversaciones entre gente culta. La naturalidad en el discurso es el estándar que nos esforzamos por alcanzar tanto en la actuación como en la oratoria; por supuesto, con ciertas diferencias que irán apareciendo a medida que avancemos en el tema. Si el orador y el actor reprodujeran con absoluta fidelidad todas las variaciones de cada expresión, de cada susurro, gruñido, silencio y explosión de la conversación, como lo hacemos de manera natural en la vida cotidiana, atraerían más la atención del público.

El escritor realista comprende la importancia de esta cualidad y la usa en la escritura de sus diálogos. De igual manera, el buen orador también debe tener en cuenta que necesita saber hacer uso del cambio de ritmo para que su discurso fluya con naturalidad.

Supongamos que dices la primera de las siguientes oraciones en un ritmo lento y la segunda con rapidez observando qué tan obvio es el efecto. Luego dices las dos frases con la misma rapidez y observa la diferencia:

"No recuerdo lo que hice con mi cuchillo. Oh, ahora recuerdo que se lo di a Mary".

En este ejemplo observamos que a menudo se produce un cambio de ritmo en la misma oración ya que se aplica a palabras aisladas y a grupos de palabras y grupos de oraciones, y también a las partes esenciales de un discurso público.

## El cambio de ritmo evita la monotonía

El canario en la jaula frente a la ventana le añade belleza y encanto a su trinar gracias al cambio continuo de ritmo. Si el Rey Salomón hubiese sido orador, sin duda habría utilizado la sabiduría del canto de las aves silvestres, así como el vuelo de las abejas. Imagínate cómo sería una pieza musical escrita solo con notas de cuarto, ¿o qué tal un automóvil con una sola velocidad?

## El cambio de ritmo produce énfasis

Cualquier cambio drástico de ritmo es enfático y llamará la atención. El ser humano es apenas consciente de que un tren de pasajeros se está moviendo cuando este va volando sobre sus carriles a 90 millas por hora; pero, si de repente, disminuye la velocidad a 10 millas por hora, no hay la menor duda de que este cambio captará toda su atención. De igual manera, no se dará cuenta de que está escuchando música mientras cena; pero, si la orquesta aumenta o disminuye su ritmo en un grado muy marcado, al instante dejara de comer y fijará su atención en la actuación de la orquesta.

Aplica este mismo principio para darle énfasis a tu discurso. Si llegas a un punto en que quieres captar toda la atención de la audiencia, haz un cambio repentino de ritmo y verás que los asistentes no podrán evitar prestarte atención. Hace meses asistí a una obra de teatro en la que el actor decía las siguientes líneas:

"No quiero que te olvides de lo que dije. Quiero que recuerdes el día más largo en el que tú –No me importa si tienes seis armas".

La parte hasta el guion fue a un ritmo muy lento mientras que el resto de la frase fue a la velocidad de la luz, a medida que el personaje mostraba el revólver. El efecto fue tan enfático que recuerdo esas líneas aún seis meses después; en cambio, la mayor parte de la obra se ha desvanecido en mi memoria.

El estudiante de oratoria con capacidad de observación captará cómo los mejores actores aplican este principio a la perfección y saben hacer énfasis donde es necesario hacerlo pues, de lo contrario, su efecto sería ridículo. Demasiados oradores públicos hacen énfasis sobre cosas sin importancia queriendo hacerlas sonar impresionantes cuando en realidad no lo son.

Cuando estás practicando el ritmo, tu pensamiento debe gobernarte por encima de las reglas que hayas aprendido. A veces, no importa cual parte de la oración se dice despacio y cual se dice a un ritmo más rápido. Lo importante es el cambio en sí. Sin embargo, debes tener cuidado en la regulación de tu ritmo para no hacer cambios demasiado rápidos ya que este también suele ser un defecto común en los oradores aficionados. Hace 100 años se usaba en los círculos médicos una preparación conocida como "el remedio del arma de fuego". Era una mezcla de unos 50 ingredientes diversos y se le daba al paciente con la esperanza de que, por lo menos, alguno de esos ingredientes fuera eficaz, surtiera efecto ¡y lo mejorara! Ese parecería ser un procedimiento bastante pobre en la práctica médica, pero es bueno usar el tempo con esta misma fórmula en la mayoría de los discursos para que haya variedad. El ritmo, como la buena dieta, es mejor cuando se mezcla.

## PREGUNTAS Y EJERCICIOS

1. Define ritmo.

2. ¿Qué palabra proviene de la misma raíz?

3. ¿Qué significa hacer un cambio de ritmo?

4. ¿Qué efectos se obtienen?

5. Describe tres métodos para combatir la monotonía y ganar poder al hablar.

6. Elije alguna conversación o discurso e identifica qué cambios de ritmo hubo. ¿Fueron bien hechos? ¿Por qué? Ilustrar.

## CAPÍTULO 6

## PAUSA Y POTENCIA

"La verdadera pericia del artista literario es trenzar o tejer la trama alrededor de sí misma de modo que, cada oración, cada frases sucesiva, lleguen primero a una especie de nudo y, luego, después de un suspenso, surja el desenlace".
–George Saintsbury, sobre prosa inglesa
*Style*, en *Miscellaneous Essays*

"La pausa… tiene un valor distintivo, expresado en silencio. En otras palabras, mientras la voz está en compás de espera, la musicalidad del movimiento continúa. Para manejarla, con todas sus delicadezas y beneficios, se requiere de esa misma finura de oído de la que dependemos para captar todo ritmo de prosa impecable. Cuando no hay beneficio en la pausa, cuando es inadvertida… surge una sensación de desconcierto, de que algo salió mal, como si un perno se hubiera desaprobado dentro de una maquinaria".
–John Franklin Genung, *The Working Principles of Rhetoric*

En el discurso público, la pausa no es un mero silencio: es un silencio hecho elocuentemente.

Cuando alguien dice: "Estoy–uh–feliz–uh–de–eeh–que–ajam– se me haya permitido hablar –ejem–esta noche y debo decir–ajam– les que…", eso no es detenerse, eso es tropezar. Es concebible que un orador sea eficaz a pesar de tropezar, pero nunca debido a ello.

Por otra parte, una de las herramientas más importantes para desarrollar poder en el discurso público es hacer una pausa bien sea antes o después, o tanto antes como después de una palabra o frase importante. Ningún orador profesional puede darse el lujo de descuidar esta técnica –una de las más eficaces en el discurso de los grandes oradores. Estúdiala hasta que la hayas absorbido y asimilado.

Parecería que la capacidad de utilizar la pausa retórica fuera fácil de asimilar y poner en práctica, pero la larga experiencia en la formación del orador, tanto a nivel universitario como práctico, ha demostrado que el uso de la pausa en el discurso público no es tan fácil de entender cuando se le explica por primera vez al orador promedio. Quizá se debe al hecho de que no devoramos con avidez el fruto de la experiencia cuando se nos sirve en el plato de la autoridad; nos gusta más arrancar la fruta por nuestros propios medios ya que, no solo nos sabe mejor, sino que ¡jamás olvidamos ese árbol del que la arrancamos! Afortunadamente, en este caso, esa no es una tarea difícil –puesto que hay árboles frondosos a nuestro alrededor.

Supongamos que un hombre está defendiendo la causa de otro y dice:

"Este hombre, mis amigos, ha hecho este maravilloso sacrificio por ustedes y por mí".

¿Será que al introducir una pausa no aumentará el poder de esta afirmación? Observa cómo adquiere fuerza el mensaje al hacer una pausa cuando dices las palabras "por ustedes y por mí". Ahora, intenta decir toda la frase sin hacer una pausa. ¿Perdió efectividad?

Es natural que, durante una pausa premeditada de este tipo, el orador esté concentrado en lo que está a punto de decir y no permitirá que ningún otro pensamiento divague ni por un solo instante en su mente, sino que se enfocará tanto en su idea como en el énfasis que quiere hacer respecto a lo que está a punto de decir.

Por lo tanto, la concentración es crucial en este punto –sin ella, no hay una pausa perfecta. ¿Y cómo es una pausa perfecta? La que consigue uno o todos los cuatro resultados siguientes:

## 1. La pausa le permite al orador juntar todas sus fuerzas antes de enviar su mensaje

Con mucha frecuencia, es peligroso dar la batalla sin hacer una pausa para prepararnos y para esperar a los reclutas. Considera la masacre de Custer como un ejemplo.

Tú puedes encender un fósforo sujetándolo debajo de una lente y concentrando sobre ella los rayos del sol. Sin embargo, no esperes que se encienda la llama si mueves la lente de un lado para otro. Haz una pausa y la lente recogerá calor del sol. Así mismo, tus pensamientos no pondrán fuego en la mente de tus oyentes a menos que te detengas a hacer acopio de todas tus fuerzas mediante un segundo o dos de concentración. Los árboles de arce y los pozos de gas son rara vez aprovechados. La naturaleza se toma su tiempo para reunir sus fuerzas de reserva y, cuando el árbol o el pozo vuelven a abrirse, el resultado es un flujo más fuerte.

Utiliza el mismo sentido común con tu mente. Cuando quieras un fluir con mayor ímpetu en tu discurso, tú también haz una pausa. Usa ese mismo sentido común con tu mente. Si quieres que un pensamiento tuyo sea particularmente eficaz, haz una pausa justo antes de expresarlo; concentra todas tus energías mentales y luego lánzalo con renovadas fuerzas. Carlyle tenía razón al decir: "No hables, te suplico apasionadamente, hasta que tu pensamiento haya madurado en silencio. Del silencio proviene la fuerza. El silencio es de oro. El discurso es humano. El silencio es divino".

El silencio ha sido llamado "el padre de la palabra". Debe serlo. Demasiados discursos públicos no tienen padre. Caminan sin pausa, ni descanso. Como el arroyo de Tennyson, corren para siempre. Escucha a los niños pequeños, al policía en la esquina, la conversación familiar alrededor de la mesa; observa cuántas pausas naturales hacen quienes hablan sin tener conciencia de los efectos de sus pausas. Cuando nos encontramos ante una audiencia, lanzamos la mayoría de nuestros métodos de expresión naturales al viento y nos esforzamos por poner en práctica efectos artificiales. Siempre es bueno volver a nuestros recursos naturales y hacer una pausa.

### 2. La pausa prepara la mente del auditorio para recibir tu mensaje

Hebert Spencer afirmó que el universo entero está en movimiento. Así es –y todo movimiento perfecto es ritmo. Y parte del ritmo, es el descanso. La naturaleza descansa y después se pone en actividad. Por ejemplo: el día y la noche; la primavera, el verano, el otoño y el invierno, y un periodo de descanso en los intermedios; un instante de descanso total entre los latidos del corazón. Tú también haz una pausa y dale un descanso a la capacidad de atención de la audiencia. Lo que digas después de ese silencio tendrá mayor efecto.

Cuando tus primos del campo vienen a la ciudad, el ruido al pasar de los autos los despertará. Sin embargo, tal ruido nunca afecta al habitante de la ciudad porque, con el paso continuo del tráfico, su capacidad de atención se ha ido apagando. En el caso de las personas que, rara vez, visitan la ciudad, su atención es persistente. Para ellas, el ruido viene después de una larga pausa; de ahí su poder de atención. Después de montar en tren durante varias horas, te acostumbras tanto a su rugido que, escasamente, le prestas atención, a menos que el tren se detenga por un tiempo y vuelva a ponerse en marcha. Si intentas escuchar el tic tac de un reloj que está tan lejos y que apenas sí puedes captarlo, te darás cuenta que a veces no logras distinguirlo;

sin embargo, poco a poco vuelves a escucharlo. Tu mente hará una pausa para descansar, bien sea que quieras o no hacerlo.

La atención de la audiencia actúa de la misma manera. Reconoce esta ley y prepárate para ella –haciendo pausas. Te vuelvo a repetir: el pensamiento que sigue a una pausa es mucho más dinámico que si no hubiera habido ninguna pausa. Lo que te digan por la noche no tendrá el mismo efecto en tu mente que si te lo dicen en la mañana, cuando tu atención se ha refrescado mediante la pausa que hiciste durante el sueño. En la primera página de la Biblia se nos dice que incluso Dios descansó el "séptimo día". Entonces, puedes estar seguro de que la mente débil y finita de la audiencia también exigirá descanso. Observa la naturaleza, estudia sus leyes y aplícalas en tu discurso.

## 3. La pausa genera un suspenso efectivo

El suspenso es responsable de una gran parte de nuestro interés en la vida. Lo mismo ocurre con tu discurso. Suele ocurrir que un juego interesante o una buena novela capten gran parte de nuestra atención cuando sabemos de lo que se trata. Nos gusta seguir adivinando cuál será el fin. La capacidad de crear suspenso es parte del poder de la mujer para mantener interesado a su galán. El acróbata de circo emplea este mismo recurso cuando falla de manera deliberada en varios intentos por realizar su hazaña y luego la logra. Incluso, la manera deliberada en que arregla los preliminares a su presentación aumenta nuestra expectativa –nos gusta que nos mantengan en suspenso. En el último acto de la obra *Polly of the Circus* hay una escena de circo en la que un pequeño perro hace un salto mortal hacia atrás sobre un pony. Una noche, cuando el perro dudó y tuvo que ser persuadido durante mucho tiempo antes de que hiciera su hazaña, recibió muchos más aplausos que cuando hizo el truco sin hacerse esperar. No solo nos gusta esperar, sino que valoramos aquello por lo cual esperamos. Si el pez mordiera demasiado pronto, el deporte de la pesca perdería su atractivo.

Es este mismo principio de suspenso el que te mantiene interesado en las historias de Sherlock Holmes –tú esperas a ver cómo se resuelve el misterio y, si se resuelve demasiado pronto, haces la historia a un lado sin terminar del leerla. Wilkie Collins aplica muy bien el suspenso de los escritos de ficción a sus discursos: "Haz que rían, haz que lloren, haz que esperen". Por encima de todo, hazles esperar. Si no lo haces, puedes estar seguro de que reirán o llorarán.

Así, la pausa es un instrumento valioso en manos de un orador entrenado para despertar y mantener el suspenso. Una vez escuché decir a Bryan en uno de sus discursos: "Tuve el privilegio de escuchar" –e hizo una pausa mientras el público se preguntaba por un segundo qué fue lo que tuvo el privilegio escuchar– "al gran evangelista" –y se detuvo de nuevo. Ahora, los asistentes ya sabíamos que era lo que había escuchado, pero todavía nos preguntábamos a qué evangelista se refería. Por fin, concluyó: "Dwight L. Moody". Bryan se detuvo una vez más y continuó diciendo: "Vine a verlo" –hizo una pausa otra vez y sostuvo al público en un breve momento de suspenso acerca de lo que ocurrió cuando lo vio; luego, prosiguió: "Me pareció el más grande predicador de su época". Permite que los guiones ilustren las pausas y tendremos lo siguiente:

"Tuve el privilegio de escuchar–al gran evangelista–Dwight L. Moody–Vine a verlo–Me pareció el más grande predicador de su época".

Un orador no experimentado no habría utilizado pausas, ni creado suspenso y las frases no habrían tenido mayor interés para la audiencia. Es, precisamente, la aplicación de estas pequeñas pautas la que marca una gran diferencia entre un orador exitoso y uno fracasado.

### 4. La pausa después de una idea importante le da más tiempo a la idea para penetrar en la mente de la audiencia

Cualquier granjero de Missouri sabe que una lluvia que cae demasiado rápido se escapa entre los arroyos y no les hace tanto bien a las cosechas. Se cuenta una historia acerca de un diácono rural orando por lluvia de esta manera:

"Señor, no nos envíes una pequeña llovizna. Regálanos una buena lluvia".

Un buen discurso, como una buena lluvia, no le hará mucho bien a nadie –si es demasiado fácil de absorber. La lavandera en el campo sigue este mismo principio cuando, al lavar la ropa, la deja entre agua –y hace una pausa de varias horas para dejar que el agua cale bien entre la ropa. El médico aplica anestesia en los cornetes de su paciente y hace una pausa para dejar que la medicina le haga efecto y luego sí operarlo. ¿Por qué utilizamos este principio en todas las áreas excepto en la de la comunicación? Si le has enviado a tu audiencia una idea importante, recuerda hacer una pausa durante uno o dos segundos y permítele pensar en ella y digerirla. Observa qué efecto tiene. Después que su efecto desaparezca, tendrás que lanzar nuevas ideas sobre el mismo tema antes de concluirlo. Tómate tu tiempo. No dejes que tu discurso se parezca a los turistas que tratan de conocer Nueva York en un solo día. Se pasan 15 minutos mirando las obras maestras del Museo Metropolitano de Arte; 10 minutos en el Museo de Historia Natural; le echan una ojeada al Acuario; se apresuran pasando sobre el puente de Brooklyn; corren hacia el Zoológico del Bronx y va un momento a visitar la Tumba de Grant –y a eso le llaman "conocer Nueva York".

Si te apresuras y pasas a gran velocidad por los puntos importantes de tu discurso, tu audiencia tendrá una idea escasa de lo que trataste de trasmitir.

Tómate tu tiempo. Tú tienes tanto tiempo como el multimillonario más rico. Tu público te esperará. Es un signo de pequeñez apresurarse. Los grandes árboles de la secoya de California habían brotado de la tierra hacía 500 años antes de que Sócrates bebiera su tasa de cicuta y hoy están en todo su esplendor. La naturaleza nos avergüenza con nuestras pequeñas prisas. El silencio es una de las características más elocuentes del mundo. Aprende a manejarlo y utilízalo haciendo pausas.

En las siguientes selecciones he insertado guiones donde podrían ir pausas efectivas. Por supuesto, tú puedes omitir algunos de estos guiones e insertar otros, y también estará bien –un orador interpreta de una manera y otro, de otra; en gran medida, es cuestión de preferencia personal. Una docena de grandes actores ha interpretado muy bien a Hamlet y, sin embargo, cada uno ha desempeñado el papel de manera distinta. La que esté más cerca de la perfección es solo cuestión de opinión. Tendrás éxito al atreverte a seguir tu propio curso –si eres lo suficientemente original para establecer tu marca personal:

Un momento de silencio–un espacio momentáneo para saborear del pozo de nuestro propio ser–y la caravana de fantasmas llegó de inmediato–de nada sirvió esperar–Apresúrate.

La esperanza mundana que hay en los corazones–o prospera–o permanece anónima como la nieve sobre el polvo en el desierto–dura unos segundos–y desaparece.

El pájaro del tiempo no tiene más que un pequeño aleteo–es fugaz y se esfuma.

Observa que los signos de puntuación no tienen nada que ver con la pausa. Es posible pasarlos por alto y hacer una pausa larga donde no hay ninguna clase de puntuación. El pensamiento es superior a la puntuación y tú debes guiarte por tus propias pautas.

Un libro de versos debajo de una rama,–un jarro de vino, un pedazo de pan–y tú junto a mí, cantando en el desierto.

No confundas la pausa para hacer énfasis con las pausas naturales que haces para respirar. No siempre es necesario detenerte donde hay puntuación. Observarás que, en una conversación natural, nuestras palabras se agrupan en frases y muchas veces nos detenemos a respirar entre ellas. Así que, cuando estés pronunciando un discurso público, respira con naturalidad; no te permitas jadear por el hecho de que no has parado para respirar. Tanto tú como tu audiencia se cansarán.

Sin embargo, procura tener precaución en lo siguiente: no hagas uso exagerado de la pausa. Si lo haces, lograrás que tu discurso se vuelva pesado y tedioso. Tampoco pienses que las pausas convierten pensamientos comunes y corrientes en enunciados grandiosos y dignos de mayor atención. Una gran idea combinada con ideas insignificantes es como combinar un gran verso con palabras de relleno. Recuerda la vieja y descabellada declamación de los tiempos de la escuela, "Asesinato de medianoche", que inicia de una manera grandilocuente y nos lleva al punto máximo de expectativa, solo para terminar diciendo: "Y asesinó implacablemente… ¡al mosquito!"

La pausa, dramáticamente manejada, siempre hacía reír a los oyentes tolerantes. Eso estaba muy bien a la hora de pasar un buen rato, pero se vuelve doloroso cuando el orador cae de lo sublime a lo ridículo sin quererlo. La pausa, para que cause un efecto eficaz, distinto al del boomerang, debe preceder o seguir a un pensamiento que, de verdad, valga la pena o sea importante sobre el resto del discurso.

William Pittenger relata en su libro *Extempore Speech* un ejemplo del mal uso que hizo de la pausa un gran estadista y orador norteamericano. "Había visitado las Cataratas del Niágara y debía pronunciar un discurso público en Búfalo el mismo día, pero bebió demasiado, después de la cena. Cuando se levantó para hablar, el distinguido orador luchó para lograr decir unas cuantas palabras y por fin dijo: '¡Caballeros, estuve mirando sus ma–mag–magníficas cataratas a ciento–cuarenta–y–siete–metros de altura! Caballeros, Grecia y Roma, ¡ni en sus peores días, tuvieron una catarata de ciento–cuarenta–y–siete–metros de altura!'"

## PREGUNTAS Y EJERCICIOS

1. Nombra cuatro métodos para no caer en la monotonía y ganar poder al hablar.

2. ¿Cuáles son los cuatro efectos especiales de la pausa?

3. Anota las pausas en alguna conversación o discurso. ¿Fueron las más adecuadas? ¿Por qué?

## CAPÍTULO 7

## EFICIENCIA A TRAVÉS DE LA INFLEXIÓN

"¡Qué suave es la música de esas campanas del pueblo!
Entran suavemente al oído, en cadencia dulce;
de repente, todo queda a lo lejos,
y vuelve a sonar fuerte, y aún más alto,
claro y sonoro, ¡como el vendaval se enciende!
Con fuerza abre fácil todas las celdas
donde dormía la memoria".
–William Cowper, versión en español de *The Task*

Hebert Spencer señaló que "la cadencia" –la modulación de los tonos de la voz al hablar– "es el fluir cotidiano de las emociones sobre las proposiciones del intelecto". Cuán verdadero es esto al observar que los altibajos de la voz dicen con mayor claridad lo que queremos decir, que nuestras propias palabras. La expresividad del lenguaje se multiplica, literalmente, por este poder sutil de sombrear los tonos vocales a los que llamamos inflexión.

El cambio de tono dentro de una palabra es aún más importante porque es más sutil que el cambio de tono de una frase a otra. De hecho, no se puede practicar un tono sin el otro. Las palabras que decimos sin tono son apenas ladrillos; pero la inflexión hace de ellas un pavimento, un garaje o una catedral. Es el poder de la inflexión para cambiarles el significado a las palabras el que dio origen al dicho: "No es tanto lo que dices, sino cómo lo dices".

Jameson, la comentarista shakespeariana, nos dio un interesante ejemplo del efecto de la inflexión. "En su personificación de la parte de Lady Macbeth, la actriz Siddons adoptó sucesivamente tres entonaciones diferentes al pronunciar la frase 'Hemos fracasado'. Al principio, la dijo a manera de un rápido y despectivo interrogatorio: '¿Hemos fracasado?' Después, la dijo con una nota de exclamación: '¡Hemos fracasado!', con un acento de asombro indignado poniendo el énfasis principal en la palabra 'hemos'. Por último, la dijo fijándose en la que estoy convencida que es la verdadera interpretación –'Hemos fracasado'– con una simple pausa, modulando la voz en un tono profundo, bajo y resoluto que soluciona de inmediato la cuestión como si ella hubiera dicho: 'Sí, fracasamos y todo se acabó'".

Este elemento más expresivo del discurso es el último en dominar para adquirir naturalidad al hablar en un idioma extranjero; su uso correcto es un elemento principal de la expresión natural y flexible de nuestra lengua materna. Sin variedad de inflexiones, el discurso se vuelve monótono y pesado.

No hay más que dos tipos de inflexión: ascendente y descendente, pero los dos pueden estar tan matizados o combinados que es posible producir diversas variedades de modulación que podrían estar ilustradas por una o dos líneas, rectas o curvas, así:

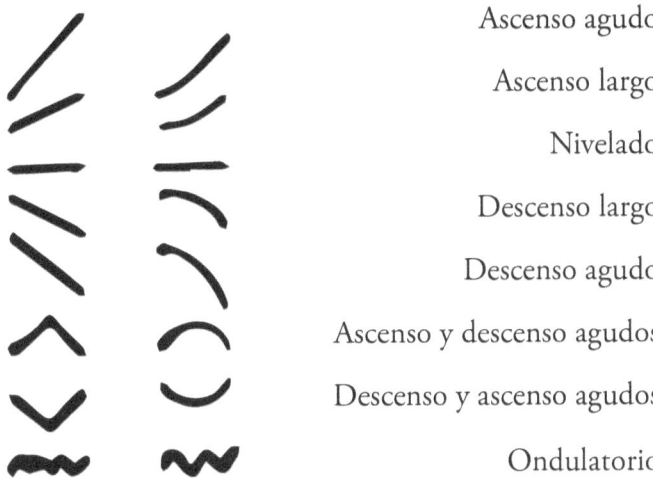

| | |
|---|---|
| | Ascenso agudo |
| | Ascenso largo |
| | Nivelado |
| | Descenso largo |
| | Descenso agudo |
| | Ascenso y descenso agudos |
| | Descenso y ascenso agudos |
| | Ondulatorio |

Estas pueden ser variadas indefinidamente y sirven como para ilustrar la amplia variación de combinaciones que surgen a partir de tan solo dos inflexiones de voz.

Es imposible tabular las diversas inflexiones que sirven para expresar varios matices de pensamiento y sentimiento. Aquí hacemos algunas sugerencias, pero la única manera de dominar la inflexión es observando, experimentando y practicando.

Por ejemplo, tomemos la frase común: "Oh, él está bien". Observa cómo puede hacerse una inflexión ascendente para expresar un leve elogio, una duda o una incertidumbre. Luego, observa cómo las mismas palabras, dichas con una inflexión descendente, tienden a denotar certeza, aprobación amable, admiración entusiasta y otros cuantos significados.

Es decir, en general, encontramos que una inflexión de la voz hacia arriba sugiere dudas e incertidumbre, mientras que una inflexión bien marcada hacia abajo denota certeza.

Intenta decirle adiós a una persona imaginaria a la que esperas volver a ver mañana; luego, a un querido amigo que no esperas volver a ver pronto. ¿Observas la diferencia en la inflexión de tu voz?

"He tenido un momento agradable", cuando es dicho por una mujer frívola al cierre de una reunión formal, toma una inflexión muy diferente que la misma frase pronunciadas entre amantes que se han divertido. Imagínate en esas dos situaciones y repite esta frase observando la diferencia.

Ensaya las dos siguientes selecciones procurando que suenen con gran seriedad y observa cómo estas inflexiones difieren de las anteriores. Luego, reléelas de manera ligera y superficial, y observa que el cambio de actitud se expresa a través del cambio de inflexión.

"Cuando leo un hecho sublime en Plutarco, o un acto altruista en una línea de poesía, o sentimientos de emoción en alguna leyenda heroica, ya estoy en el país de las hadas–ya lo estoy–".

–Wendell Philips (versión en español)

"El pensamiento es más profundo que todo un discurso.
Nada se compara con la profundidad del pensamiento.
Las almas nunca podrán enseñar de la misma manera lo que a ellas les fue enseñado".

–Cranch (versión en español)

Te habrá quedado perfectamente claro que la inflexión trata, sobre todo, de sombras sutiles y delicadas dentro de una sola palabra y no se consigue de ninguna manera por un ascenso o una caída total de la voz al pronunciar una oración. Sin embargo, ciertas frases pueden ser muy efectivas mediante el uso de este tipo de inflexión. Ensaya la siguiente oración de varias maneras, sin hacer modulación hasta llegar a las últimas sílabas, así:

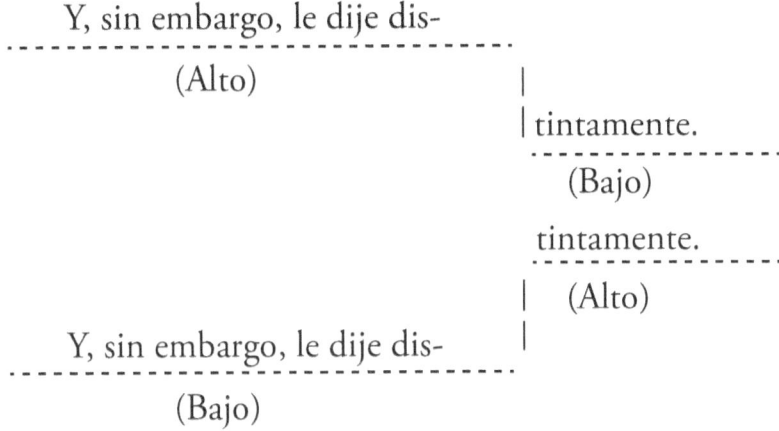

Ahora, intenta esta oración flexionando las palabras importantes procurando hacer varios matices que produzcan diversos significados. Las primeras formas ilustradas arriba muestran cambios de tono dentro de una sola palabra; las formas que tú trabajarás por ti mismo deberán mostrar diversas inflexiones a lo largo de la oración.

Procura tener cuidado de no modular demasiado. Demasiada modulación produce un efecto desagradable de artificialidad, como cuando una mujer madura está tratando de parecer una gatita inmadura. Existe un paso corto entre la expresión verdadera y la burlesca no intencional. Examina tus propios tonos. Toma una sola expresión, como por ejemplo "¡Oh, no!", "Oh, ya veo", "Obviamente". Haz una autoevaluación detallada y observa cuántos matices de significado podrías expresar con tus cambios de inflexión. Verás que este tipo de práctica te servirá más que un libro lleno de normas. ¡No te olvides de prestarle atención a tu propia voz!

## PREGUNTAS Y EJERCICIOS

1. En tus propias palabras, define: (a) carencia, (b) modulación, (c) inflexión, (d) énfasis.

2. Describe cinco maneras de romper la monotonía y ganar efectividad en el discurso.

3. ¿Qué estados mentales o sentimientos denota la inflexión descendente? Haz una lista lo más completa posible.

4. Haz lo mismo respecto a la inflexión ascendente.

5. ¿Cómo es el tono de la voz al expresar (a) ¿sorpresa? (b) ¿vergüenza? (c) ¿odio? (d) ¿formalidad? (e) ¿emoción?

6. Lee una oración varias veces y, usando diferentes inflexiones, cambia el significado en cada lectura.

7. Elige alguna conversación o discurso y escúchalos detalladamente intentando descubrir las inflexiones empleadas. ¿Fueron adecuadas con respecto al significado que el hablante quería manifestar? ¿Por qué? Ilustrar.

8. Practica la inflexión en los siguientes pasajes:

    a. ¿Ha terminado el caballero? ¿Ha terminado completamente?

    b. "Y Dios dijo: 'Sea la luz, y hubo luz'".

9. Haz una pregunta indirecta y muestra donde aplicarías una inflexión.

10. ¿Estarías de acuerdo en que una pregunta directa siempre requiere de una inflexión ascendente? Ilustra.

11. Ilustra cómo la terminación completa de un discurso se indica por medio de la inflexión.

12. Ilustra de qué manera identificar una idea incompleta por el uso que se le da a la inflexión.

13. Ilustra mediante inflexiones: (a) temblor, (b) vacilación, (c) duda.

14. Muestra un ejemplo de contraste por medio del uso de una inflexión.

15. Prueba los efectos de las inflexiones ascendentes y descendentes en las palabras en cursiva en las siguientes oraciones. Indica tu preferencia:

   a. *Caballeros*, estoy persuadido, *no*, estoy decidido a *hablar*.

   b. Se siembra un cuerpo *natural*; se levanta un cuerpo *espiritual*.

# CAPÍTULO 8

## CONCENTRACIÓN EN LA ENTREGA DEL MENSAJE

> "La atención es el microscopio del ojo mental. Su poder puede ser alto o bajo; su campo de visión es estrecho o ancho. Cuando se utiliza a su máxima potencia, la atención se ajusta a ciertos límites muy específicos, pero su efecto es excesivamente intenso y absorbente. Solo ve pocas cosas, pero las ve en detalle, por dentro y por fuera. La energía mental y la actividad, ya sean de la percepción o del pensamiento, así concentradas, actúan como los rayos del sol condensados sobre un vidrio que se va iluminando y calentando hasta producir llamas. De igual manera, las impresiones son tan profundas que nunca se borran. La atención de este tipo es la condición primordial del trabajo mental más productivo".
> –Daniel Putnam, *Sicología*.

Trata de frotar hacia delante y hacia atrás la parte superior de tu cabeza al mismo tiempo que te das pequeñas palmadas en el pecho. A menos que tus poderes de coordinación estén muy bien desarrollados, te resultará confuso y casi imposible hacer estos dos movimientos al tiempo. El cerebro necesita entrenamiento especial antes de que pueda hacer dos o más cosas eficientemente y a la vez. Algunos sicólogos sostienen que ningún cerebro puede pensar dos pensamientos distintos de manera simultánea y que lo que parece ser simultáneo es en realidad una rotación muy rápida del primer pensamiento al segundo y viceversa. En el ejercicio propuesto al comienzo, la atención debe pasar de una mano a la otra hasta que uno y otro movimiento se vuelvan parcial o totalmente automáticos.

Cualquiera que sea la verdad sicológica de esta afirmación es innegable que la mente pierde perceptiblemente el control de una idea inicial en el momento en que la atención se proyecta hacia una segunda o tercera idea.

Una falla que es muy frecuente entre los oradores públicos es que ellos tratan de pensar en la oración que sigue mientras están pronunciando la presente y esto hace que su concentración se desvíe. En consecuencia, comienzan sus oraciones con mucha fuerza y las terminan con debilidad. En un discurso bien preparado, la palabra sobre la cual se hace énfasis viene, por lo general, en un extremo de la oración. Sin embargo, una palabra enfática necesita de una expresión enfática, y esto es justo lo que los oradores no consiguen cuando su concentración salta demasiado pronto a lo que van a decir a continuación.

Aprende a concentrar todas tus energías mentales en la frase que estás diciendo. Recuerda que la mente de tu audiencia sigue a la tuya muy de cerca y, si retiras tu atención de lo que estás diciendo para enfocarte en lo que vas a decir, tu audiencia también hará lo mismo. Tal vez, los asistentes no lo hagan de una manera consciente y deliberada, pero es muy probable que dejarán de darle importancia a lo que el orador mismo desprecia. Es fatal para un actor o para un orador cruzar puentes demasiado pronto.

Por supuesto, todo esto no significa que, durante las pausas naturales de tu discurso, no debas tener presente lo que sigue –hacerlo es tan importante como mantener tu mirada puesta hacia delante cuando vas conduciendo tu automóvil. Sin embargo, tu cautela es de otro tipo: al estar diciendo una oración, no pienses en la que sigue. Deja que provenga con naturalidad de tu interior. No podrás hacer tu discurso si no enfocas tus fuerzas; eso es lo que produce la explosión. Durante la preparación de tu discurso, tú almacenas y concentras tus pensamientos y emociones y, durante las pausas, cuando ya lo estés diciendo, mira rápidamente hacia delante y prepárate para que lo siguiente que vayas a decir sea efectivo; durante los momentos del discurso real, HABLA –NO TE ANTICIPES. Aprende a dividir tu atención y tu fuerza entre lo que estás diciendo y lo que vas a decir.

Esta cuestión del efecto del hombre interior sobre el exterior necesita un comentario más, sobre todo en lo concerniente a la concentración:

"¿Qué leíste, mi lord? Hamlet respondió: Palabras, palabras, palabras". Ese es un problema de todo el mundo. Decir mecánicamente palabras no es, para nada, expresar. ¿Alguna vez te has dado cuenta de lo hueco que suele sonar un discurso memorizado? ¿Has escuchado la gritería, la cadencia mecánica de ciertos actores, abogados y predicadores ineficaces? Su problema está en su mente –en el hecho de que no enfocan sus pensamientos de tal manera que causen que las palabras suenen con sinceridad y convicción, sino que se limitan a enunciar mecánicamente los sonidos de las palabras. Esa es una experiencia dolorosa tanto para el público como para el orador. Un loro es igual de elocuente. El pasaje de Shakespeare nos permite ver cómo suena de insincera la oración del tío de Hamlet, quien se lamenta así:

"Mis palabras vuelan hacia lo alto, mis pensamientos quedan abajo: palabras sin pensamiento nunca llegan al cielo".

La verdad es que, como orador, tus palabras deben nacer de nuevo cada vez que las digas, así no sufrirán en su expresión, aunque estén en tu memoria y las repitas cinco mil veces, como dice el Dr. Russell Conwell en *Acres de diamantes*. Tales discursos no pierden su esencia al repetirlos por la razón perfectamente valedera de que surgen de un pensamiento y un sentimiento concentrados, y no de una mera necesidad de decir algo –que, casi siempre, significa algo, y quea a su vez, no significa nada. Si el pensamiento que se manifiesta a través de tus palabras es cálido, fresco, espontáneo, una parte de tu ser, tú enunciado estará lleno de aliento y vida y las palabras serán solo un resultado.

¿Preguntas como concentrarte? Piensa en la palabra misma y en su significado filológico, concéntrico. Piensa en ella como un lente que reúne y concentra los rayos de luz dentro de un círculo dado mediante un proceso de concentración. Sonará un poco áspero, pero es cierto: el hombre que no puede concentrarse es débil en su voluntad, un náufrago nervioso; o es alguien que nunca ha aprendido para qué sirve el poder de la voluntad.

Debes concentrarte retirando de manera consciente tu atención de todo lo demás. Si concentras tu pensamiento en un dolor que te está afligiendo, ese dolor crecerá y se hará más intenso. "Cuenta tus bendiciones", y se multiplicarán. Centra tu pensamiento en tus golpes, y tu juego de tenis mejorará tangencialmente. Si ves que no logras hacerlo, hay algo mal. Averigua de qué se trata, elimina la causa y el síntoma desaparecerá. Cultiva tu voluntad con voluntad y, luego, haciendo. Concéntrate y vencerás.

## PREGUNTAS Y EJERCICIOS

1. Selecciona de cualquier fuente varias oraciones adecuadas para decirlas en voz alta; primero, dilas de la manera en que explicamos en este capítulo. Luego, haciendo énfasis hacia el final de cada frase.

2. Describe en un promedio de 100 palabras el efecto que obtuviste del ejercicio anterior.

3. Explica los métodos que hayas podido observar u oír de oradores que sepas que han estado trabajando en su poder de concentración –como mirar fijamente un punto en blanco en el techo, por ejemplo.

4. ¿Qué efecto tiene el poder de concentración en la audiencia?

5. ¿Qué relación tiene el uso de la pausa con el poder de concentración?

6. Explica por qué la concentración ayuda al orador que cambia de manera natural el tono, el ritmo y el énfasis.

# CAPÍTULO 9

## FUERZA

"Sin embargo, es conveniente ser cauteloso:
la indiferencia, es cierto, no produce angustia.
Y el entusiasmo precipitado, según las buenas costumbres,
no es más que una ebriedad moral".
—Byron, Don Juan. (Versión en español)

Es muy probable que hayas asistido a una obra de teatro que te pareció agradable y, sin embargo, no te impactó, ni atrapó toda tu atención. En la jerga teatral, se diría que los actores no "superaron" la interpretación haciendo referencia a que su mensaje no superó la escenografía, ni las expectativas de la audiencia. No hubo ningún tipo de conexión entre ellos y el público, ni un golpe final; su mensaje no tuvo fuerza.

Por supuesto, todo esto es un desastre; no solo en lo que se refiere a saber caracterizar a los personajes de las grandes letras, sino también en el caso de los oradores públicos en el escenario. Todo discurso público debe causar emoción en la audiencia y, si logra golpearla —si la expresión es adecuada—, no habrá ningún tropiezo que impida que el mensaje tenga el impacto para el cual fue enviado. Al contrario, vivirá por mucho tiempo en la mente del oyente.

## ¿Qué es fuerza?

Algunas de las palabras más obvias guardan dentro de sí significados secretos. Esta es una de ellas.

Para comenzar, debemos reconocer la diferencia que existe entre fuerza interna y externa. Una es la causa y la otra es el efecto. Una es espiritual y la otra es física. En este tema en particular, la fuerza animada difiere de la fuerza inanimada –ese poder del hombre, que fluye desde adentro y se expresa en lo exterior. Por muy susceptible que sea a los estímulos externos, la verdadera fuente de poder del ser humano radica en sí mismo. Suena a "sicología pura", pero la fuerza ejerce un papel práctico intenso cuando se trata de hablar en público, como veremos más adelante.

No solo debemos discernir la diferencia entre la fuerza humana y la mera fuerza física, sino que no debemos confundir su esencia real con algunas de las características que pueden –y no pueden– acompañarla. Por ejemplo, la sonoridad no es fuerza, aunque la fuerza a veces puede confundirse con el ruido. Rugir no ha sido nunca un buen estilo de discurso. Sin embargo, hay momentos – momentos importantes para el orador, no minutos– durante los cuales una voz fuerte es útil para causar un gran impacto.

La fuerza no es un movimiento violento –pero podría resultar siéndolo. Hamlet les aconsejó a sus actores:

"Que el movimiento de vuestra mano no corte el aire; usad vuestra mano suavemente; porque en el mismo torrente, tempestad y (como diré yo) torbellino de vuestra pasión, debéis adquirir y engendrar una templanza producida por vuestra suavidad. Oh, me ofende el alma oír a un robusto chiquillo patear, gritar y gritar con desafuero entre sus harapos, ensordeciendo a los lugareños; ese infante, en gran parte, no es capaz de otra cosa que brindar un inexplicable y ruidoso espectáculo. Yo haría, como Herodes, que ese tal fuese azotado. Orad para evitarlo.

Tampoco seáis demasiado manso; dejad que vuestra discreción sea la que os guíe y adapta vuestra acción a la palabra y la palabra a la acción; con esta observancia especial: tampoco exageréis en vuestra modestia, porque nada de lo que hagáis con exageración es provechoso".

La fuerza es a la vez una causa y un efecto. La fuerza interior, que debe preceder a la fuerza exterior, es una combinación de cuatro elementos que actúan progresivamente. En primer lugar, la fuerza surge de la convicción. Tú debes estar convencido de la verdad o de la importancia o del significado de lo que estás a punto de decir antes de que puedas decirlo con adecuada contundencia. Debes mantenerte fuerte en tus convicciones antes de que seas capaz de atrapar a tu audiencia. La convicción convence.

En un artículo publicado en *Saturday Evening Post*, Winston Spencer Churchill le atribuyó gran parte del éxito en la plataforma pública de Churchill y Roosevelt a su entrega contundente del mensaje. No importaba lo que ellos tuvieran que decir, estos hombres tenían la capacidad de hacerle creer a la audiencia que lo que estaban diciendo era lo más importante del mundo en el momento en que ellos lo decían. Los dos se dirigían a sus audiencias como diciéndoles: "Hagan–esto–o–PERECERÁN".

Esa clase de discurso es convincente. Requiere de esa actitud viril, vigorosa y agresiva que es la que distingue y mantiene en el escenario las carreras de nuestros líderes más importantes.

Pero veamos un poco más de cerca los orígenes de la fuerza interior. ¿Cómo afecta la convicción al orador que la siente? Hemos respondido a la pregunta con la misma pregunta: la convicción produce tensión emocional. Observa las imágenes de Theodore Roosevelt y de Billy Sunday en acción –acción es la palabra. Fíjate en la tensión de los músculos de sus mandíbulas y las líneas tensas de los tendones de sus cuerpos al alcanzar su máxima expresión de fuerza mientras transmiten su mensaje.

Es esta tensión de los músculos del cuello del orador al hablar la que hace que el público sienta –casi vea– la reserva de poder que hay en él. De alguna manera realmente maravillosa, es más lo que el orador no dice, ni hace lo que revela su dínamo interior. Cualquier cosa puede surgir de tanta fuerza acumulada una vez que sale al exterior; ese poder que espera en los labios del orador para decir la siguiente palabra es el que mantiene alerta a cualquier audiencia. Después de todo, todo es cuestión de virilidad, –una muñeca de peluche no tiene convicciones, ni hay en ella tensión emocional.

Al manifestar toda esa convicción y tensión, la audiencia se involucra. Tener un propósito específico es la columna vertebral de la fuerza; sin propósito, el discurso es endeble; tal vez sea bueno, pero le hará falta fuerza. Aférrate a propósito de tu discurso y tu audiencia se aferrará a ti.

Finalmente, toda esta combinación entre convicción–tensión–propósito es inútil, a menos que resulte en propulsión. Recuerda cómo Young en su maravilloso *Night Thoughts* delinea el hombre que:

"Trabaja prudente sin descanso en su propósito, resuelve y vuelve a resolver, y muere resolviendo".

No dejes que tu fuerza "se acabe", –fortalece tu convicción, tensión emocional, resolución y poder propulsor.

## ¿Se puede adquirir fuerza?

Sí, si el adquirente tiene las capacidades que acabamos de esbozar: convivir con su tema hasta que esté convencido de su importancia. Si tu mensaje no te emociona a ti mismo, ni te produce tensión, BUSCA la manera de encontrar fuerza y poder en lo que vas a decir. Cuando un hombre se enfrenta a la necesidad de saltar por encima de un obstáculo, no espera a tener la inspiración de hacerlo, sino que se lanza dando un salto rápido y alto por el aire hasta sobrepasarlo.

Vale la pena reiterar esta verdad: el hombre interior es el factor final. Debe ser él quien le suministra el combustible al hombre exterior. La audiencia, o incluso el orador mismo, pueden añadir el fósforo —poco importa quien lo haga, lo importante es que haya fuego. Sin embargo, no tendrás ninguna fuerza si el fuego ha salido debajo de la caldera. No importa cuán bien hayas dominado el equilibrio, la pausa, la modulación y el ritmo; si tu discurso carece de fuego, está muerto. Y un discurso muerto no moverá a nadie.

Existen cuatro factores que te ayudan a darle fuerza a tu mensaje y a estar en control; si no los tienes, los puedes adquirir. Son: tus ideas sobre el tema, tus sentimientos acerca de él, la redacción del mensaje y la manera de comunicarlo. Cada uno de ellos es tema de discusión en este volumen, excepto la redacción, la cual requiere de un estudio retórico más completo. Sin embargo, es de gran importancia que seas consciente de cómo la formulación de las palabras le imprime fuerza a una frase. Te recomiendo *The Working Principles of Rhetoric*, de John Franklin Genung, o los tratados retóricos de Adams Sherman Hill, de Charles Sears Baldwin.

A continuación, encontrarás algunas sugerencias sobre el uso de ciertas palabras para adquirir fuerza:

## Recomendaciones en cuanto a la elección de palabras

Las palabras SENCILLAS tienen más fuerza que las palabras menos usadas.

Las palabras CORTAS tienen más fuerza que las palabras largas.

Las palabras ESPECÍFICAS tienen más fuerza que las palabras que denotan generalidades.

Las palabras CONNOTATIVAS, aquellas que sugieren más de lo que dicen, tienen más fuerza que las palabras ordinarias.

Los EPÍTETOS, palabras figurativamente descriptivas, son más efectivos que los nombres.

Las palabras ONOMATOPOÉTICAS tienen más fuerza que muchas otras palabras.

Recorta los modificadores.

Corta los conectores.

Comienza con palabras que requieran atención.

"Termina con palabras que indiquen distinción", dice el Profesor Barrett Wendell.

Elige las ideas fuertes sobre las más débiles para ganar fuerza por contraste.

Evita elaborar oraciones demasiado estructuradas –las oraciones cortas tienen más fuerza que las largas.

Elimina cada palabra inútil y dales prominencia a las más importantes.

Que cada oración esté bien condensada y llame la atención.

Un lenguaje familiar, pero no desgastado, es más efectivo que una expresión altamente formal y erudita.

Considera bien el valor relativo de las diferentes posiciones de las palabras dentro de la oración, de tal modo que puedas darles el lugar que les corresponda según las ideas que deseas acentuar.

"Pero", diría alguien, "¿no es más honesto depender del interés inherente en el tema, de su verdad, de su claridad y sinceridad, y de la belleza del enunciado, para ganar a tu audiencia? ¿Por qué no encantar a la gente en lugar de capturarla asaltándola?"

## ¿Por qué utilizar la fuerza para transmitir un discurso público?

Hay mucha verdad en tal apelación, pero esa no es toda la verdad. La claridad, la persuasión, la belleza, la simple afirmación de la verdad, todas son cualidades esenciales; de hecho, son partes definidas a tener en cuenta en la presentación contundente de cualquier tema, sin que estas sean las únicas partes a tener en cuenta. La carne puede no ser tan atractiva como los helados, pero todo depende del apetito y del momento de la comida.

Tú no puedes enviar un mensaje agresivo en pequeños golpes. ¡No! Necesitas dar golpes duros y rápidos. No puedes atacar el fuego de un público con grifos de amor. Dile a un teatro atestado de manera despreocupada: "Me parece que la casa está en llamas", y tu anuncio será recibido con risa. Pero si dices: "¡La casa está en llamas!", los asistentes se aplastarán unos a otros tratando de llegar a las salidas de emergencia.

El espíritu y la fuerza del lenguaje se definen con convicción. Ningún discurso inmortal en la Literatura contiene expresiones tales como "me parece", "yo debería", "en mi opinión", "supongo", "tal vez sea verdad". Los discursos que han de vivir para siempre en la mente colectiva han sido proclamados por hombres embebidos por el coraje de sus convicciones que pronunciaron sus palabras como quien dice una verdad eterna. De Jesús se decía que "el pueblo lo escuchaba con alegría". ¿Por qué? "Porque Él les enseñó como uno que tiene AUTORIDAD". Una audiencia nunca se conmoverá por lo que a ti te "parece" que es la verdad, ni por tu "humilde opinión". Si honestamente puedes hacerlo, afirma tus convicciones como si ya fueran conclusiones. Asegúrate de anunciar tu verdad como si fuera inquebrantable. Exprésate con la mano de hierro y la confianza de un Cromwell. Afirma tus ideas con el fuego de la autoridad. Dilas como si fueran un ultimátum. Y si no puedes hablar con convicción, calla.

Qué fuerza pudo haber tenido ese joven predicador que, temiendo ser demasiado dogmático, exhortó a sus oyentes diciéndoles: "Mis amigos –porque supongo que lo son– parece ser mi deber decirles, no me queda de otra, que si no se arrepienten, ni abandonan sus pecados, por así decirlo, y vuelven a practicar la justicia, creo que estarán perdidos en gran manera".

El discurso efectivo debe reflejar la era en que vivimos. Esta no es una era de agua de rosas y un discurso medio tibio y desganado no convencerá a nadie. Este es el siglo del movimiento, de las comunicaciones; el buen comunicador debe insertar este espíritu en su discurso si quiere mover cualquier audiencia. Si vas a una obra de teatro en Broadway y te sientas en primera fila a disfrutarla, no una comedia, sino un emocionante drama, no te centres en la historia; enfoca toda tu atención en la técnica y en la fuerza de la actuación. Encontrarás que hay implícita una intensidad infinitamente sutil en los diálogos y no te quedará más remedio que concluir que, es esa fuerza bien calculada, bien medida y delicadamente sombreada la que se encarga de dejar en discurso en la mente del público. Un cañonazo golpeará a un pájaro contra el cristal de una ventana; se necesita un rifle para disparar una bala a través de un cristal o para traspasar un roble.

## Cuándo usar la fuerza

Una audiencia no es como el reino de los cielos —los violentos no siempre la toman por la fuerza. Hay momentos en que la belleza y la serenidad deben ser las únicas campanas que existen en tu campanario. La fuerza es solo uno de los grandes extremos del contraste —el otro extremo es el silencio. Sin embargo, no utilices ninguno de los dos en exceso para no resultar excluyendo otros tonos; sé diverso en el uso de los tonos y procura encontrar en la variedad un efecto perfecto aún mayor del que alcanzarías intentando el uso constante de la fuerza y el silencio. Si estás leyendo un ensayo sobre la belleza de las madrugadas, el canto de las aves o explicando el mecanismo de un motor a gas, un discurso de estilo vigoroso está totalmente fuera de lugar. Pero cuando estás apelando a las voluntades y a las conciencias de la gente para tomar una acción inmediata, la fuerza con que envíes tu mensaje debe ser contundente y convincente. En tales casos, considera las mentes de tu audiencia como si fueran cajas fuertes que han sido bloqueadas y cuyas llaves se perdieron. No trates de averiguar las combinaciones. Vierte un poco de nitroglicerina en las grietas y enciende el fusible. A medida que escribo estas líneas, un constructor en la calle está dinamitando unas rocas para sentar las bases de un gran edificio. Cuando quieras obtener acción, no temas usar dinamita.

El argumento final para mostrar la efectividad de la fuerza en el discurso público es el hecho de que todo debe ser ampliado en el escenario —por eso tan pocos discursos se leen bien en los informes de la mañana siguiente: las declaraciones parecen toscas y exageradas porque no van acompañadas por la voz enérgica de un orador resplandeciente ante una audiencia atenta y entusiasta. Por lo tanto, cuando estés preparando tu discurso, procura no elegir frases suaves —tu audiencia, inevitablemente, convertirá el tono de esas palabras en el gris de un frío atardecer. Cuando Fidias fue criticado por las declaraciones ásperas y atrevidas de su competidor, él sonrió y pidió que su estatua y la de su rival fueran colocadas sobre la columna a la que estaba destinada la escultura. Cuando lo hicieron, todas las exageraciones y las crudeces entonadas desde la distancia se fundían en una gracia exquisita de línea y forma. Cada discurso debe ser especial en cuanto a su idoneidad y proporción.

Si así lo prefieres, evita ser estruendoso al pronunciar tu discurso, pero, como Wendell Phillips, imprímele un "silencio relámpago". Haz que tus pensamientos respiren y tus palabras ardan. Birrell dijo: "Emerson escribe como un gato eléctrico que emite chispas y choques en cada frase". Ve y habla de la misma manera. Sé enérgico al pronunciar tu discurso.

## PREGUNTAS Y EJERCICIOS

1. Ilustra, repitiendo una frase de memoria, lo que se entiende por emplear la fuerza en el habla.

2. ¿Cuál, en tu opinión, es el más importante de los principios técnicos del discurso que has estudiado hasta ahora? ¿Por qué?

3. ¿Cuál es el efecto de hacer demasiada fuerza en un discurso? ¿Y de demasiado poca?

4. Analiza alguna conversación poco interesante o un discurso ineficaz y explica por qué fracasaron.

5. Sugiere cómo podrían ser mejorados.

6. ¿Por qué los discursos tienen que ser pronunciados con más fuerza que las conversaciones?

7. Elige un discurso y léelo varias veces haciendo todo lo posible para lograr la mayor fuerza posible al pronunciarlo.

8. Escribe un discurso de cinco minutos, no solo discutiendo los errores de aquellos que exageran y/o minimizan el uso de la fuerza, sino que, por imitación, muestra sus debilidades. No te burles, sino imita.

9. Escribe una lista de diez temas para hacer discursos públicos y explica en cuál parece que sea más probable que se requiera el uso frecuente de la fuerza.

10. ¿En tu opinión, los oradores se equivocan con frecuencia en el uso de demasiada o poca fuerza?

11. Explica cómo las palabras anteriores describen debilidades en el discurso público.

## CAPÍTULO 10

### SENTIMIENTO Y ENTUSIASMO

*"El entusiasmo es ese espíritu íntimo y melódico que se cierne sobre la producción del genio".*
–Isaac Disraeli, personaje literario

Si te diriges a un grupo de científicos sobre un tema como las venas en las alas de una mariposa, o sobre la estructura de una carretera, es evidente que tu tema no despertará mucho sentimiento en ti, ni en tu audiencia. Estos son temas puramente intelectuales. Pero, si quieres conseguir que la gente vote por una medida que abolirá el trabajo infantil o inspirarla a tomar las armas para lograr la libertad, debes dirigirte y afectar, directamente, sus sentimientos.

Dormimos en camas blandas, nos ubicamos lo más cerca posible del radiador más cercano en un día frío, comemos pastel de cereza y le dedicamos nuestra atención a alguien del sexo opuesto, no porque hayamos razonado que todo esto que hacemos sea lo correcto, sino porque queremos y se siente bien hacerlo. Nuestros sentimientos nos dictan no solo lo que desearíamos comer, sino, en general, cómo vamos a actuar. El ser humano es una criatura que siente; por lo tanto, la capacidad del orador público para despertar a los demás a la acción depende, casi en su totalidad, de su capacidad para tocar sus emociones.

Las madres negras que vieron vender a sus hijos en las subastas, y ser llevados lejos de ellas en los tiempos de la esclavitud, han pronunciado algunos de los discursos más agitados de Estados Unidos. Es cierto, estas madres no tenían ningún conocimiento de la técnica del discurso público, pero contaban con algo más poderoso que cualquier habilidad, –algo que era más eficaz que la razón: el sentimiento.

Los grandes discursos del mundo no han sido sobre reducciones arancelarias, ni sobre impuestos. Los discursos que vivirán en la mente colectiva han sido producto de la fuerza emocional. La prosperidad y la paz generan poca elocuencia. Cuando hay que corregir grandes errores, cuando el corazón de la gente está lleno de pasión, esa es la mejor ocasión para hacer un discurso memorable. Patrick Henry hizo un discurso inmortal pues, en plena época de crisis, él se atrevió a pedir libertad. Se inspiró hasta el punto de poder exclamar honesta y apasionadamente: "Denme mi libertad o denme la muerte". Su fama habría sido diferente si hubiera vivido hoy y defendiera, por ejemplo, la labor de algunos jueces.

## El poder del entusiasmo

Los partidos políticos contratan bandas de música y pagan por recibir aplausos porque ellos argumentan que, a la hora de votar, despertar entusiasmo resulta más efectivo que razonar. Hasta dónde están ellos en lo cierto es algo que depende solo de los oyentes, pero no hay ninguna duda respecto a la naturaleza contagiosa del entusiasmo. Un fabricante de relojes de Nueva York probó dos anuncios publicitarios para sus relojes; uno, se enfocaba en la excelencia de la elaboración del reloj, en su durabilidad y en la garantía ofrecida; el otro anuncio estaba encabezado con la frase: "Un reloj del cual estar orgulloso" haciendo énfasis en el placer y orgullo de ser el dueño de uno de esos relojes. Esta última publicidad vendió dos veces más que la primera. El vendedor de una locomotora me compartió que en la venta de los motores del ferrocarril, el atractivo emocional era más fuerte que un argumento basado en la excelencia mecánica del motor.

Podríamos citar innumerables ilustraciones como estas para demostrar que, en todas nuestras acciones, somos seres emocionales. El orador que desee dirigirse al público eficientemente debe desarrollar el poder de despertar los sentimientos de su audiencia.

Webster, quien era formidable en sus debates, sabía que el verdadero secreto del poder de un orador era de orden emocional. Así habla él con elocuencia acerca de la elocuencia misma:

> "La pasión convincente, la expresión intensa, la pompa de la declamación, todos aspiran a tener estas cualidades al hablar; sin embargo, no logran alcanzarlas porque, al igual que los estallidos que provienen del fondo de la tierra o de los fuegos volcánicos, solo surgen de una fuerza espontánea, original y natural.
>
> Las gracias enseñadas en las escuelas, los ornamentos costosos y los artificios calculados de un discurso, causan asco y disgusto en los hombres cuando sus propias vidas y el destino de sus esposas, sus niños y su país penden de una decisión crucial. Las palabras pierden su poder, la retórica es en vano y toda oratoria elaborada se vuelve despreciable, e incluso la genialidad propia se siente reprimida y sometida, como en presencia de cualidades superiores. Entonces, el patriotismo es elocuente; la devoción es elocuente. Las deducciones de la lógica, el alto propósito, la resolución firme, el espíritu intrépido que decide manifestarse con ojos fulgurantes e informar instando a todo hombre a ir hacia adelante y solo hacia adelante —eso es elocuencia. O más bien, es

algo más grande y más elevado que toda elocuencia, es acción, acción noble, sublime, divina".

Hace algún tiempo, durante uno de mis viajes por el Noroeste, paseaba por una calle de un pueblo después de cenar y noté una multitud escuchando a un "charlatán" en una esquina frente a una caja de mercancías. Recordando el consejo de Emerson sobre aprender algo de cada hombre que nos encontramos por la vida, me detuve para escuchar lo que decía. Estaba vendiendo un tónico para el cabello que afirmaba haber descubierto en Arizona. Se quitó el sombrero para mostrar lo que este remedio había hecho en él, se lavó la cara para demostrar que era tan inofensivo como el agua y hablaba de sus méritos de una manera tan entusiasta que la gente se animaba a comprarle. De repente, alguien le preguntó por qué una mayor cantidad de hombres que de mujeres es calva. Nadie sabía. El hombre explicó que se debía a que las mujeres usan zapatos de suela más delgada y así hacen una buena conexión eléctrica con la madre tierra; en cambio los hombres se ponen zapatos gruesos y de suela seca que no transmiten la electricidad de la tierra al cuerpo. Como resultado, el cabello de los hombres, que no tiene una cantidad adecuada de electricidad, muere y se cae. Por supuesto que aquel astuto vendedor tenía el remedio: era una pequeña placa de cobre que debía insertarse en el fondo del zapato. Explicaba en términos entusiastas y vívidos la conveniencia de escapar de la calvicie y vendía sin cesar su pequeño artefacto. Por extraño que parezca, si esa historia hubiera sido contada de manera frívola, la falta de entusiasmo de aquel hombre habría contagiado a su audiencia, ¡y nadie hubiera experimentado el deseo de tener esas mágicas placas!

La sugerencia de Emerson tuvo validez: los observadores, incluido yo, experimentamos el poder maravilloso y persuasivo del entusiasmo.

El entusiasmo envió a millones de personas a cruzar la Tierra Santa para redimirla de los sarracenos. El entusiasmo envió a tres pequeñas naves a navegar el mar hacia un rumbo desconocido hasta llegar a las orillas de un nuevo mundo. Cuando el ejército de Napoleón estaba desgastado y desalentado en su ascenso por los Alpes, el Pequeño Cabo detuvo a sus hombres y les ordenó a las bandas que interpretaran la Marsellesa –y, bajo el efecto de sus notas, cruzaron los Alpes.

¡Escucha! Emerson dijo: "Nada grande se ha logrado nunca sin entusiasmo". Carlyle declaró que "todo gran movimiento en los anales de la Historia ha sido un triunfo del entusiasmo". Es tan contagioso como el sarampión. La mitad de la elocuencia es inspiración pura. Contagia a tu audiencia de tu entusiasmo. Déjate llevar. "El ser humano", dijo Oliver Cromwell, "nunca se levanta tan alto como cuando no sabe hacia dónde va".

## ¿Cómo adquirir y desarrollar entusiasmo?

El entusiasmo no es algo que uno se pone, como una prenda de vestir. Ningún libro te proveerá de entusiasmo. Es más bien un crecimiento personal –un efecto. Pero ¿un efecto de qué? Veamos.

Emerson escribió: "Un pintor me dijo que nadie podía dibujar un árbol sin convertirse de algún modo en un árbol, ni dibujar a un niño mediante el simple hecho de estudiar los contornos de su forma. Es observándolo durante algún tiempo para detallar su movimiento y sus acciones, que el pintor entra en su naturaleza y luego sí logra dibujar y plasmar su actitud. O sea que Roos entró en la íntima naturaleza de sus ovejas. Conocí a un dibujante que observó que no lograba hacer el esbozo de unas rocas hasta que alguien le explicó cuál era su estructura geológica".

Cuando Sarah Bernhardt desempeñaba un papel difícil, solía no hablar con nadie a partir de las cuatro de la tarde y hasta después de su actuación porque, a partir de esa hora, ella vivía su carácter. Se cuenta que Booth no permitía que nadie le hablara entre los actos de sus papeles de Shakespeare porque, en aquellos momentos, él era Macbeth, no Booth. Dante, exiliado de su amada Florencia, condenado a muerte, vivía en cuevas, medio muerto de hambre; entonces vertió su corazón en *La divina comedia*. Bunyan entró en el espíritu de su *Progreso del peregrino* tan a fondo que cayó en el suelo de la cárcel de Bedford y lloró de alegría. Turner, que vivía en una buhardilla, se levantó antes del amanecer y caminó sobre las colinas nueve millas para ver el sol levantarse en el océano con el único fin de captar su maravillosa belleza. Las frases de Wendell Phillips estaban llenas de "relámpagos silenciosos" porque él llevaba en su corazón el dolor de cinco millones de esclavos.

Existe una sola manera de sentir lo que estás hablando. Olvida cualquier otra cosa, pero no olvides esto: tienes que ENTRAR EN el personaje que interpretas, en la causa que defiendes, en el caso en el que discutes; entra tan a fondo que te cubra, te cautive, te posea por completo. Entonces, estarás sumergido en el verdadero significado de cada palabra que pronuncias, conectado con tu tema, sintiendo lo que expresas, y por lo tanto, tu entusiasmo será a la vez genuino y contagioso. El Carpintero que hablaba como "nunca ningún otro hombre ha hablado" pronunciaba palabras nacidas de una pasión producida por Su amor por la Humanidad –Él había entrado en la Humanidad y así se había hecho Hombre.

Pero no debemos considerar las palabras anteriores como una prescripción fácil para hacer la decocción de un sentimiento que pueda ser vertido en grandes cantidades sobre una audiencia complacida para satisfacer la necesidad del momento. La emoción genuina de un discurso es la esencia del discurso en sí mismo y no un ingrediente que se le agrega o se le sustrae a voluntad. En el desarrollo de un tema, el orador y la audiencia se convierten en uno fusionados por la emoción y los pensamientos del momento.

## La necesidad de afecto hacia la Humanidad

Es necesario hacer énfasis en la necesidad de que el orador tenga una amplia y profunda ternura por la naturaleza humana. Uno de los biógrafos de Víctor Hugo le atribuye su poder como orador y escritor a su gran misericordia y a sus profundos sentimientos religiosos. En una ocasión, escuchamos al editor de *Collier's Weekly* hablar sobre la escritura de cuentos y enfatizó con tanta frecuencia sobre la necesidad de este amplio amor por la Humanidad, sobre este sentimiento verdaderamente religioso, que se disculpó dos veces por haber dado un sermón. Pocos de los discursos inmortales, si es que existe alguno, fueron jamás pronunciados por una causa egoísta o mezquina: todos nacieron de un apasionado deseo de ayudar a la Humanidad. Por ejemplo, el discurso de Pablo a los atenienses, el discurso de Lincoln en Gettysburg, el Sermón del Monte, el discurso de Henry ante la Convención de Delegados en Virginia.

La mejor señal de grandeza es el deseo de servirles a los demás. La autopreservación es la primera ley de la vida, pero la abnegación es la primera ley de la grandeza del ser humano –y del arte. El egoísmo es la causa fundamental de todo pecado, es lo que todas las grandes religiones y todas las filosofías dignas han combatido. De un corazón de verdadera simpatía y amor provienen los discursos que mueven a la Humanidad.

El ex Senador de los Estados Unidos, Albert J. Beveridge, en una introducción a uno de los volúmenes de *Modern Eloquence*, manifestó: "El sentimiento más profundo entre las masas, el elemento más influyente, es de orden religioso. Elemental, como la Ley de la Autoconservación. Es este el que le da luz a todo el intelecto y a la personalidad del pueblo. Aquel líder que influye en gran medida al pueblo manifestando sus pensamientos de inconformismo debe poseer el maravilloso e inalcanzable lazo de simpatía con la gente".

Cuando los hombres de Ulster se armaron para oponerse a la aprobación de la Ley del Régimen Interior, tuve la oportunidad de asignarles a cien hombres "Home Rule" como el tema de un discurso que cada uno debía preparar. Entre este grupo estaban algunos oradores brillantes –varios de ellos experimentados abogados y activistas políticos. Algunos de sus discursos mostraban un notable conocimiento y comprensión del tema; otros estaban repletos de frases más atractivas. Pero un empleado, sin mucha educación y experiencia, se levantó y contó cómo pasó sus días de niñez en Ulster, cómo su madre, mientras lo sostenía en su regazo, le había contado las acciones de valor de Ulster. Habló de una foto en la casa de su tío que mostraba a los hombres de Ulster venciendo a un tirano y marchando hacia la victoria. Su voz tembló y, con la mano hacia arriba, declaró que, si los hombres de Ulster iban a la guerra, no irían solos, pues el gran Dios iría con ellos.

El discurso emocionó y electrizó a la audiencia. Todavía nos emociona cuando lo recordamos. Las frases de gran resonancia, el conocimiento histórico, el tratamiento filosófico de los otros oradores, en gran medida, no despertaron ningún interés profundo; en cambio, la genuina convicción y sentimiento de aquel modesto empleado hablando sobre un tema que estaba en el fondo de su corazón no solo sacudió a la audiencia, sino que le hizo ganar la simpatía de los asistentes hacia la causa que él defendía.

Como dijo Webster, no sirve de nada intentar fingir simpatía, ni sentimientos. Intentos como este no tienen éxito. "La naturaleza siempre se encarga de hacer evidente lo que es verdad". Lo que es falso se detecta pronto como tal. Los pensamientos y sentimientos que crean y moldean el discurso cuando se está escribiendo deben nacer de nuevo cuando se pronuncia en el escenario. No dejes que tus palabras digan una cosa y tu voz y actitud, otra. No hay lugar aquí para los métodos de entrega despreocupados e indiferentes. La sinceridad es el alma misma de la elocuencia. Carlyle tenía razón:

> "Ni Mirabeau, ni Napoleón, ni Burns, ni Cromwell, ni ningún hombre es adecuado para hacer nada; pero ante todo, debe ser un hombre sincero —entendiéndose por sinceridad una gran, profunda, genuina y primordial característica de todos los hombres que actúan de forma heroica. No es sinceridad aquella que se

llama a sí misma sincera. ¡Ah, no! Esa es una afirmación muy pobre, propia de un fanfarrón superficial. La verdadera sinceridad, la que hace grande al hombre, es aquella de la que él mismo no tiene conciencia —porque no es consciente de ella".

## PREGUNTAS Y EJERCICIOS

Una cosa es convencer al orador de que debe ponerles sentimiento a sus discursos; otra cosa es que él logre hacerlo. El orador promedio tiene miedo de dejarse llevar por sus emociones y siempre está reprimiéndolas. Cuando les pones suficiente sensibilidad a tus discursos, es probable que te suenen exagerados, a menos que seas un orador experimentado. De lo contrario, te parecerán demasiado fuertes porque no estás acostumbrado a manifestar tus emociones en el escenario, pero no temas manifestarlas cuando estés dirigiéndote a tu audiencia.

1. ¿Cuáles son, en tu opinión, los valores relativos de los pensamientos y los sentimientos en un discurso?

2. ¿Podemos prescindir de cualquiera de ellos?

3. ¿Qué tipos de ocasiones requieren que el discurso contenga mucha emoción y entusiasmo? ¿Cuáles requieren poco?

4. Escribe una lista de diez temas para discursos y analiza cuáles darían más espacio para manifestar tus emociones en la plataforma pública.

5. Prepara y pronuncia un discurso de diez minutos denunciando el alegato (imaginario) insensible de un abogado; puede ser el abogado de la defensa o el fiscal; el acusado puede ser considerado culpable o inocente, según sea tu elección.

6. ¿Te parece que el tema de este capítulo es más importante que los principios técnicos expuestos entre los capítulos 3 y 7? ¿Por qué?

7. Analiza el secreto de un discurso u orador eficaz que te parezca eficaz. ¿A qué crees que se debe su éxito?

8. Da un ejemplo de tu propia observación en cuanto al efecto del sentimiento y el entusiasmo en los oyentes.

9. Memoriza los comentarios de Carlyle y Emerson sobre el entusiasmo.

10. Repítelos con todo el sentimiento que ellos requieren. ¿Cuál es el resultado?

11. ¿Qué pasos piensas tomar para desarrollar el poder del entusiasmo y el sentimiento en tus discursos?

12. Escribe y pronuncia un discurso de cinco minutos ridiculizando a un orador que usa pomposidad y exceso de entusiasmo. Imítalo.

## CAPÍTULO 11

## CUANDO LA PREPARACIÓN GENERA FLUIDEZ

"*Animis opibusque parati* –Listo en mente y en recursos".
–Dicho de Carolina del Sur.

"*En omnibus negociis prius quam aggrediare, adhibenda est præparatio diligens* –Antes de comenzar todos los asuntos, haz una preparación diligente".
–Cicerón, *De Officiis*

Toma tu diccionario y busca las palabras que contengan el vocablo latino *stem flu* –los resultados serán sugestivos.

A primera vista, parecería que la fluidez consiste en un uso rápido y práctico de las palabras. No es así, la fluidez del discurso es mucho más que eso. Veamos de lo que se trata.

### Fuentes de fluidez

En términos amplios, la fluidez es sobre todo una cuestión de preparación. Es cierto que los dones innatos del orador intervienen en gran parte cuando se trata de fluidez, como en todo arte, pero incluso la facilidad natural también depende de la preparación. – Saberlo te sirve si, como Moisés, eres propenso a quejarte de que no eres un orador preparado.

¿Alguna vez te has detenido a analizar lo que significa ser "un orador preparado?" Estar listo, en su sentido primordial y básico, significa estar preparado –y están más listos quienes están mejor preparados. El disparo rápido depende más del dedo en alerta que del gatillo. Tu fluidez estará en relación directa con dos condiciones importantes: primera, tu conocimiento de lo que vas a decir y tu disponibilidad para compartirlo frente a tu audiencia. Segunda, estar consciente de que a la preparación hay que añadirle la práctica generadora de fluidez.

## El conocimiento es esencial

Bryan, el reconocido orador, era más fluido cuando hablaba sobre problemas políticos, tendencias de la época y cuestiones morales. Se supone, sin embargo, que no era tan fluido al hablar sobre la vida del pájaro que habita en los Everglades de la Florida. En cambio, John Burroughs era un experto en el tema, pero estaba desinformado por completo al hablar de derecho internacional. No esperes hablar con fluidez sobre un tema del que poco o nada sabes. Ctesiphon se jactó de que podía hablar todo el día (un pecado en sí mismo) sobre cualquier tema que cualquier audiencia sugeriría y fue desterrado por los espartanos.

La preparación va más allá de que tengas la información correspondiente al tema que debes presentar; incluye también la capacidad de pensar y organizar tus pensamientos, un vocabulario completo y preciso, una manera fácil de hablar y respirar, la ausencia de autoconciencia y otras características relacionadas con saber enviar un mensaje eficiente –las cuales merecen atención especial en otras partes de este libro, pero no en este capítulo.

La preparación suele ser general o específica; casi siempre deben ser ambas. Una vida de lectura, de compañerismo con pensamientos interesantes y de lucha con los problemas de la vida constituye una preparación general que tiene un valor inestimable. De una mente bien estructurada y enriquecida, de una amplia experiencia y, lo mejor de todo, de un corazón cálidamente simpático, el orador tendrá que extraer mucho material que ningún estudio inmediato podría proporcionarle.

La preparación general consiste en todo lo que el hombre ha puesto en sí mismo; en todo lo que la herencia y el ambiente le han inculcado; en lo que su amistad con compañeros sabios le ha dejado. Todo esto constituye una rica fuente de preparación para hablar frente al público. Cuando Schiller regresó a casa después de una visita con Goethe, un amigo comentó: "Estoy sorprendido por el progreso que Schiller ha logrado en una sola quincena". Era la influencia progresiva de una nueva amistad. Las amistades adecuadas son uno de los mejores medios para la formación de ideas e ideales pues permiten la práctica de la expresión del pensamiento. El orador que habla con fluidez ante una audiencia debe primero aprender a hablar con fluidez y entrenarse frente a sus amigos. Aclara tus ideas poniéndolas en palabras. Ganarás tanto de tu conversación como tu oyente. A veces empiezas a conversar sobre un tema pensando que tienes muy poco que decir, pero una idea da a luz a otra y te sorprendes al saber que, cuanto más das, más y más tienes para dar. Este dar y recibir a través de una conversación amistosa desarrolla mentalidad y fluidez en la expresión. Longfellow dijo: "Una sola conversación en la mesa con un hombre sabio es mejor que diez años de estudio a través de los libros". Sin embargo, Holmes declaró de manera bastante caprichosa que la mitad del tiempo que él hablaba era para averiguar lo que en realidad él mismo pensaba. ¡Pero no apliques ese método en el escenario!

Después de todo este enriquecimiento general dado por la vida por medio del almacenamiento debe venir la preparación particular o específica de la que requieres para poder hacer un buen discurso. Es una preparación tan definida y definitiva que merece que le concedamos todo un capítulo por separado más adelante.

## Práctica

La preparación debe ser más que una recolección de datos. También es la organización y la conformación de los materiales; debe incluir la práctica que, al igual que la preparación mental, debe ser general y específica.

No te sientas sorprendido o desalentado si la práctica de los principios sobre cómo enviarle un buen mensaje a la audiencia aquí establecidos parece retrasar tu fluidez. Por un tiempo, esto será inevitable. Cuando estás trabajando para desarrollar la inflexión apropiada, por ejemplo, necesitas concentrarte en ella y, por consiguiente, el flujo de tu discurso será secundario en ese instante. Sin embargo, esta advertencia es, estrictamente, para que la pongas en práctica en casa. No lleves ningún pensamiento de inflexión al escenario. Allí debes pensar solamente en tu tema. Hay una telepatía absoluta entre el público y el orador. Si tus pensamientos se reflejan en tus gestos, también se reflejarán en los gestos de tu audiencia. Si tu interés se centra en la calidad de tu voz, ellos también se centrarán en ese aspecto más que en lo que estás diciendo.

Sin duda, debes obligarte a "olvidar todo excepto el tema" del cual estés hablando. Tal vez, este consejo te diga demasiado o quizá casi nada. La verdad es que, mientras estés en el escenario, no debes olvidar muchas cosas que no están relacionadas con tu tema, pero no debes pensar en ellas. Tu atención debe estar enfocada de manera consciente en tu mensaje; sin embargo, a nivel subconsciente, estarás atendiendo a los aspectos de la técnica –que se te han vuelto más o menos habituales debido a la práctica.

Un buen equilibrio entre estos dos tipos de atención es importante.

No puedes escapar de esta ley de la misma forma en que no puedes vivir sin aire: tu gesticulación en el escenario, tu voz y tus inflexiones serán tan ágiles como tú las practiques... no mejor. Incluso la idea de si estás hablando con fluidez o no tendrá el efecto de estropearla al expresarte.

Regresa al capítulo de apertura, sobre la confianza en sí mismo, y vuelve a poner esos preceptos en tu corazón. Aprende a hablar por medio de reglas para hablar, pero sin pensar en ellas. No es necesario, o no debe serlo, que dejes de pensar en cómo decir el alfabeto correctamente; de hecho, es un poco más difícil repetir Z, Y, X que decir X, Y, Z –el hábito ha establecido el orden. Solo para que aprendas a dominar las leyes de la eficiencia en el habla hasta que esa sea tu segunda naturaleza y llegues a hablar correctamente. Un principiante en el piano tiene muchos problemas con la mecánica de tocarlo, pero a medida que pasa el tiempo, sus dedos se entrenan y casi por instinto vagan sobre las teclas de la manera adecuada. Como orador inexperto, encontrarás una gran dificultad al comienzo para poner en práctica los principios porque tendrás miedo, como el joven nadador, y harás algunos movimientos toscos; pero, si perseveras, "vencerás".

Para resumir, tanto el vocabulario que has ido ampliando, como la facilidad en el habla que has estado desarrollando por la práctica y el estudio que has hecho sobre cómo hacer énfasis, te sirven en el escenario. Entonces, todos los hábitos que has formado te darán resultados espléndidos. La fluidez de tu discurso será a la velocidad de flujo que hayas conseguido durante tu práctica habitual.

Pero esto significa trabajo. ¿Y qué buen hábito no requiere de trabajo? Nunca se ha encontrado una piedra filosofal que pueda actuar como sustituto de la práctica laboriosa. Si existiera, sería desechada porque mataría nuestra mayor alegría, el placer de la adquisición. Si hablar en público significa para ti una vida más plena, no conocerás mayor felicidad que un discurso bien pronunciado. El tiempo que has pasado en la recolección de ideas y en la práctica privada de tu discurso será muy bien recompensado.

## PREGUNTAS Y EJERCICIOS

1. ¿Qué ventajas tiene el orador fluido sobre el orador vacilante?

2. ¿Qué influencias externas e internas trabajan contra la fluidez del orador?

3. Selecciona un tema en los periódicos y prepara un discurso de tres minutos sobre él. ¿Tus palabras vienen libremente y tus oraciones fluyen rítmicamente?

Practica hasta que te fluya.

4. Selecciona un tema con el que estés familiarizado y prueba tu nivel de fluidez hablando de manera espontánea.

5. Toma cualquiera de las siguientes citas y haz un discurso de cinco minutos sin detenerte a prepararte. Los primeros esfuerzos pueden ser muy frágiles, pero si quieres velocidad y facilidad para hablar, debes practicar, practicar, PRACTICAR.

"Hay más fe en la duda honesta,
Créeme, que en la mitad de los credos".
–Tennyson, *In Memoriam*

"Sin embargo, me parece que,
Solo es noble ser bueno.
Los corazones amables son más que coronas,
Como la fe sencilla de la sangre normanda".
–Tennyson, *Lady Clara Vere de Vere*

"Esta distancia da encanto a la vista
Y viste la montaña en su color azul".
–Campbell, *Pleasures of Hope*

> "Tus mejores compañeros, inocencia y salud,
> Y tus mejores riquezas, la ignorancia de la riqueza".
> –Goldsmith, *The Deserted Village*

> "¡Cuidado con los pasos desesperados! El día más oscuro,
> Vivo hasta mañana, habrá pasado".
> –Cowper, *Needless Alarm*

> "Mi país es el mundo y mi religión es hacer el bien".
> –Paine, *Rights of Man*

> "No importa qué tan estrecha está la reja,
> Ni qué tan pesado sea el castigo,
> Yo soy el amo de mi destino,
> Soy el capitán de mi alma".
> –Henley, *Invictus*

6. Redacta un discurso de dos minutos sobre cualquiera de los siguientes temas generales. Verás que tus ideas fluirán más fácil si especificas el tema tomando un aspecto del mismo. Por ejemplo, en lugar de tratar de hablar sobre "Derecho" en general, desarrolla el tema: "El hombre sin dinero no tiene derecho a un juicio justo". O en lugar de hablar sobre "Ocio", muestra de qué manera la velocidad de la vida moderna está generando cada vez más ocio. Así lograrás ampliar sin límites esta lista de temas.

### Temas generales

Ley

Política

Guerra

Paz

Inmigración

Honestidad

Valor

Esperanza

Amor

Misericordia

Amabilidad

Justicia

Progreso

Riqueza

Pobreza

Felicidad

Salud

Negocio

América

Matrimonio

Divorcio

Trabajo infantil

Educación

Libros

El teatro

Literatura

Electricidad

Metas

Fracaso

Hablar en público

Ideales

Conversación

El momento más dramático de mi vida

Mis días más felices

Cosas que valen la pena

Lo que espero lograr

Mi mayor deseo

Lo que haría con un millón de dólares

¿Está progresando la Humanidad?

Nuestra mayor necesidad

## CAPÍTULO 12

## LA VOZ

"Oh, hay algo en esa voz que alcanza ¡los recovecos
más íntimos de mi corazón!"
–Longfellow, *Christus*

El crítico dramático de *The London Times* declaró una vez que actuar es, ante todo, un trabajo de la voz. Lo mismo se puede decir con respecto a hablar en público. Una voz rica y bien utilizada es la herramienta física más útil de persuasión y poder. Y, a menudo, supera los efectos de la razón.

Pero una buena voz, bien manejada, no solo es una posesión valiosa para el orador profesional; es también una marca de cultura personal e, incluso, un activo comercial distintivo. Gladstone, poseedor de una profunda voz musical, dijo: "Noventa de cada cien hombres que trabajan en profesiones relacionadas con las comunicaciones nunca sobresaldrán por encima de la mediocridad porque descuidaron por completo el entrenamiento de su voz y no le dieron ninguna importancia a esta valiosa herramienta". Estas son palabras sobre las cuales vale la pena reflexionar.

Existen tres requisitos fundamentales para desarrollar una buena voz:

**1. Relajación**

Signor Bonci, de Metropolitan Opera Company, decía que el secreto de una buena voz es la relajación; Y esto es cierto, porque la relajación es la base de la fluidez. Las ondas de aire que producen la voz producen diversos tipos de tonos cuando golpean contra los músculos y estos están relajados que cuando están constreñidos. Compruébalo por ti mismo. Contrae los músculos de tu cara y garganta, como si estuvieras molesto, y lanza una llama que diga: "¡Te odio!" Ahora relájate, como lo haces cuando piensas en dulces y pensamientos tiernos, y di: "Te amo". ¡Cuán diferente es tu voz!

Al practicar ejercicios de voz, y al hablar, nunca fuerces tus tonos. Necesitas estar relajado. La voz es un instrumento delicado y no debes manejarla con brusquedad. No hagas que tu voz se vaya. No lo permitas. Que el fluir de cada palabra sea fácil y agradable.

Tu garganta debe estar libre de tensión cuando hablas; por lo tanto, es necesario que evites la contracción muscular. La garganta debe actuar como una especie de chimenea o embudo de la voz; cualquier constricción no natural la dañará y perjudicará tu salud.

El nerviosismo y la tensión mental son fuentes comunes de constricción en los músculos de la boca y la garganta; de ahí la importancia de procurar mantenerte relajado.

Pero ¿cómo puedo relajarme?, preguntarás. Simplemente, disponiéndote a relajarte. Sube tu brazo a la altura de tu hombro. Ahora, suéltalo y déjalo caer. Practica la relajación de los músculos de la garganta dejando que tu cuello y cabeza caigan hacia adelante. Haz girar la parte superior de tu cuerpo a tu alrededor, de la cintura para arriba. Deje que tu cabeza caiga y gire alrededor mientras mueves el torso en diferentes posiciones. No fuerces la cabeza, simplemente, relaja el cuello y deja que la gravedad lo atraiga mientras tu cuerpo se mueve.

Ahora, deja que tu cabeza caiga hacia delante sobre tu pecho; levántala dejando que tu mandíbula cuelgue; relájate hasta que sientas pesada tu mandíbula, como si fuera un peso colgando de tu cara. Recuerda, debes mantenerla relajada para lograr control sobre ella. Debe estar suelta y flexible para que te permita moldear tu voz y dejarla pasar sin obstrucciones.

Los labios también deben ser flexibles para ayudarte a moldear tonos claros y hermosos. Para lograr flexibilidad en los labios, repite las sílabas, "mo–me". Al decir "mo", haz que los labios tomen la forma de la letra O; al decir "me", muévelos como esbozando una sonrisa. Repite este ejercicio tan rápido como te sea posible, haciendo que tus labios se ejerciten.

Prueba el siguiente ejercicio de la misma manera:

Mo–E–O–E–OO–Ah

Después que lo hayas practicado lo suficiente, el siguiente también es excelente para lograr flexibilidad en los labios:

Memoriza los siguientes sonidos (no las expresiones) y repítelos a gran velocidad:

| A como en mayo | E como en ver | U como en uso |
|---|---|---|
| A como en aaaah | E como en seeeee | Oi como en voy |
| O como en balón | I como en tía | U como en fuerte |
| O como en gooool | I como en siiiii | Ay como en ayyy |

Toda la actividad de la respiración debe estar centrada, no en la garganta, sino en la parte media de tu cuerpo —debes aprender a respirar desde el diafragma. Observa la forma en que respiras cuando estás acostado sobre tu espalda, por ejemplo, en la cama. Notarás que, en esa postura, toda la actividad se centra alrededor del diafragma. Este es el método natural y adecuado de respirar. Conviértelo en tu manera habitual de respirar porque te permitirá relajar mucho mejor los músculos de la garganta.

El siguiente requisito fundamental para una buena voz es:

## 2. Apertura

Si los músculos de la garganta se estrechan y el canal por el que fluye la voz se cierra parcialmente y la boca se mantiene cerrada a medias, ¿cómo esperas que tu voz fluya clara y pura o que, por lo menos, salga? El sonido es una serie de ondas y, si tú conviertes tu boca en una prisión sosteniendo la mandíbula y los labios rígidos, será muy difícil que tu voz salga; y si lo logra, carecerá de fuerza y poder. Abre la boca, relaja todos los músculos y deja que fluya con facilidad.

Ahora, pretende que vas a bostezar, pero en lugar de bostezar, habla mientras tu garganta está abierta. Haz que esta sensación de apertura sea habitual al hablar —te digo que lo hagas porque es una cuestión de resolución y práctica, si tus órganos vocales son saludables. Los canales por los que transita tu voz tal vez estén parcialmente cerrados si tienes tus amígdalas, adenoides o los huesos de tu nariz agrandados. Si es así, necesitas consultar con un médico experto.

La nariz es un canal importante por donde también transita tu voz y debes mantenerla abierta y despejada para lograr tonos perfectos. Lo que llamamos "hablar por la nariz" no es hablar por la nariz, como puedes comprobar con facilidad manteniéndola cerrada con tu mano a medida que hablas. Si te molestan los tonos nasales causados por crecimientos o inflamaciones en los conductos nasales, una ligera operación eliminará la obstrucción. Fuera de que es un aspecto importante para tener una buena voz, también lo es para tu salud, en general, puesto que se verá afectada si los pulmones están continuamente hambrientos de aire.

El último requisito fundamental para una buena voz es:

## 3. Ímpetu

Una voz que se obstruye en la garganta es oscura, sombría y poco atractiva. Debe fluir con fuerza hacia fuera. Recuerda que la primera cualidad de la voz sobre la cual hablamos se relaciona con estar relajado. Lánzala hacia fuera y haz que fluya con facilidad. Observa si estas lanzándola hacia delante como debe ser inhalando una respiración profunda diciendo "ah" y cantando con la boca abierta, tratando de sentir las pequeñas y delicadas ondas de sonido golpear el arco óseo de la boca justo por encima de los dientes delanteros. La sensación es tan leve que, probablemente, no lograrás detectarla de una vez, pero persevera en esa práctica, siempre pensando en impulsar tu voz hacia fuera y serás recompensado al sentirla golpear el techo de tu boca. Así eliminarás los tonos oscuros y guturales que son tan desagradables, ineficientes y dañinos para la garganta.

Cierre los labios y di "immm", o "ummm" como tratando que fluyan hacia fuera. ¿Sientes que golpea los labios?

## Cómo desarrollar fuerza en la voz

No es necesario hablar en voz alta para ser escuchado a distancia. Lo único que necesitas es hablar correctamente. La voz de Edith Wynne Matthison tenía la capacidad de que lo que ella dijera en susurro se escuchara a través de un gran teatro. Un crujido de un papel en un escenario grande se puede oír con claridad en el asiento más lejano del auditorio. Si usaras tu voz de forma adecuada, no tendrías mucha dificultad para ser escuchado. Por supuesto, siempre es bueno dirigir tu discurso hacia tus oyentes más lejanos. Si ellos te escuchan, los más cercanos no tendrán ningún problema; pero, aparte de esta sugerencia obvia, procura observar las siguientes leyes que te ayudarán a mejorar la producción de tu voz:

Recuerda aplicar los principios de relajación, apertura e ímpetu –que son los factores primordiales para lograr que tu voz se oiga a través de la distancia.

No mires hacia el suelo mientras hablas. Este hábito no solo te da un aspecto de orador aficionado, sino que, si echas la cabeza hacia delante, tu voz se dirigirá hacia el suelo y no hacia la audiencia.

La voz es una serie de vibraciones del aire. Para fortalecerla son necesarias dos prácticas: tomar más aire o aliento, y más vibración.

El aliento es la base misma de la voz. Así como una bala con poca pólvora no tendrá fuerza, ni poder de carga, la voz con poco aliento será débil. La respiración profunda desde el diafragma le da a la voz un mejor apoyo y una mayor resonancia; además, es mejor para la salud.

Por lo general, la mala salud produce una voz débil, mientras que la abundante vitalidad física se refleja a través de una voz fuerte y vibrante. Por lo tanto, cualquier ejercicio que mejore la vitalidad en general es un reforzador de voz excelente, siempre y cuando utilices la voz de manera correcta. Las autoridades en el tema difieren en la mayoría de las reglas que tienen que ver con la higiene, pero en un punto sí están todas de acuerdo: la vitalidad y la longevidad aumentan con la ayuda de una adecuada respiración. Practícala hasta que se te convierta en un proceso natural. Cada vez que estás hablando, toma respiraciones profundas, pero de tal manera que sean inhalaciones silenciosas.

No trates de hablar demasiado tiempo sin renovar el aliento. Tu organismo se afecta bastante y él mismo se encarga de avisarte sobre el peligro que corres cuando no respiras como debe ser a lo largo de la conversación, y también te lo avisará cuando estés hablando en un escenario.

Un orador muy exitoso desarrolló el poder de su voz corriendo por todo el país, practicando sus discursos mientras iba en marcha. El vigoroso ejercicio lo obligaba a tomar respiraciones profundas y fue así como desarrolló un enorme poder pulmonar. Un partido de tenis o baloncesto son maneras eficientes de practicar la respiración profunda. Cuando estos métodos no son convenientes, recomendamos lo siguiente:

Coloca las manos a los lados, a nivel de la cintura.

Expulsa con fuerza todo el aire de tus pulmones.

Toma una respiración profunda. Recuerda, toda la actividad debe estar enfocada en el centro del cuerpo; no levantes los hombros. A medida que tomas aliento, sube tus manos.

Existen muchos métodos para poner en práctica la respiración profunda. Sin embargo, lo importante es llevar aire a los pulmones.

El cuerpo actúa como la caja de resonancia de la voz al igual que el cuerpo del violín actúa como la caja de resonancia de sus tonos. Aumentarás las vibraciones de tu voz con la práctica.

Coloca tu dedo en tus labios y haz la escala musical sacando la voz hacia fuera a través de tu boca. ¿Sientes vibrar tus labios? Después de un poco de práctica vibrarán dando una sensación de cosquilleo.

Repite este ejercicio procurando que las notas salgan por la nariz. Procura sostener la parte superior de la nariz entre el pulgar y el índice. ¿Sientes vibrar la nariz?

Coloca la palma de tu mano sobre tu cabeza y repite este ejercicio anterior. ¿Puedes sentir la vibración allí?

Ahora, coloca la palma de tu mano en la parte posterior de tu cabeza repitiendo el proceso anterior. Luego, pruébalo sobre el pecho. Recuerda siempre llevar tu voz donde deseas sentir las vibraciones. El mero acto de pensar en una parte específica de tu cuerpo tenderá a que sientas vibrar esa parte.

Por último, toma una inhalación profunda tratando de sentir todas las partes de tu cuerpo vibrar al mismo tiempo. Cuando lo hayas logrado, verás que es una sensación muy agradable.

## Pureza de la voz

Esta es una cualidad que a veces se destruye por no saber respirar. Aprende a controlar tu respiración y úsala para emitir tu voz. Respira fuerte. Si no lo haces, tus tonos no serán tan diáfanos como deberían ser. Toma un buen respiro y ve soltando el aire a medida que hablas.

## Sugerencias respecto al buen manejo de la voz

Nunca intentes forzar tu voz cuando estés disfónico.

No bebas agua fría cuando hables. El choque repentino del frío sobre los músculos del habla en funcionamiento dañará la voz.

Evita que tu voz sea demasiado alta; te volverás ronco. Este es un error común. Cuando te des cuenta que tu voz está en un rango demasiado alto, bájalo. No esperes hasta llegar al escenario para poner en práctica este cambio. Practícalo en tu conversación diaria. Repite el alfabeto, comenzando con la A en la escala más baja posible y ve subiendo una nota en cada letra sucesiva para desarrollar tu rango de voz adecuado. Si practicas a menudo este ejercicio, te será más fácil manejar los diversos cambios de tono.

No adquieras el hábito de escuchar tu voz cuando hablas. Necesitarás tu cerebro para pensar en lo que estás diciendo; reserva tu deseo de autoobservación para tus prácticas privadas.

## PREGUNTAS Y EJERCICIOS

1. ¿Cuáles son los requisitos principales para tener una buena voz?

2. Explica por qué cada uno es necesario en la producción de una buena voz.

3. Practica algunos de estos ejercicios para desarrollar una buena voz.

4. ¿Por qué es deseable tener el rango de voz adecuado?

5. ¿Cómo se puede cultivar el rango de voz adecuado?

6. ¿Cuánta práctica diaria consideras necesaria para lograr el desarrollo adecuado de tu voz?

7. ¿Cómo se pueden desarrollar la resonancia y el poder de transmitir un mensaje?

8. ¿Qué fallas tienes en tu voz?

9. ¿Cómo estás tratando de corregirlas?

## CAPÍTULO 13

### UNA VOZ ENCANTADORA

> "Un temperamento alegre, unido a la inocencia, hará que
> la belleza sea atractiva; que el conocimiento sea delicioso;
> y el ingenio, lleno de buen humor".
> –Joseph Addison, *The Tattler*

Poe dijo que "el tono de la belleza es la tristeza", pero es evidente que estaba pensando desde el punto de vista de causa y efecto pues la tristeza rara vez produce belleza, –es la alegría la que la produce.

La belleza exquisita de una puesta de sol no es estimulante, sino que tiende a una especie de melancolía que está algo lejos de la alegría. La belleza inquietante de la música profunda y tranquila tiene más de un tinte de tristeza. Las cadencias menores y encantadoras del canto de los pájaros en el crepúsculo son casi deprimentes.

La razón por la cual nos sentimos afectados por ciertas formas de belleza funciona en doble vía: en primer lugar, es indudable que el movimiento es estimulante y produce alegría; por su parte, la quietud conduce a la reflexión, y esta, a su vez, a menudo tiende a aflorar en el ser humano el anhelo de arrepentimiento por lo ocurrido en el pasado; en segundo lugar, la belleza silenciosa produce un vago deseo hacia lo relativamente inalcanzable; sin embargo, no estimula en nosotros el esfuerzo necesario como para apropiarnos de aquello que tanto deseamos.

Por estas razones, debemos distinguir entre la tristeza de la belleza y la alegría de la belleza. Ciertamente, la alegría es un sentimiento profundo e interior que incluye el contentamiento del corazón. En este capítulo, sin embargo, usaremos el concepto de alegría desde su connotación optimista y exuberante; nos referiremos a una alegría vívida, de ojos brillantes y una gran risa.

Los tonos musicales y alegres constituyen el encanto de la voz –ese sutil magnetismo que es deliciosamente contagioso. Veamos cómo hacer para lograr una voz que cautive a quienes nos escuchan.

## La resonancia nasal produce los mejores tonos de voz

Las cavidades de la nariz deben mantenerse bien despejadas para darles paso a tonos de voz brillantes. Después de nuestra advertencia en el capítulo anterior, no confundirás lo que se llama popular y erróneamente un tono "nasal" con la verdadera calidad nasal –que es bien ilustrada por el trabajo de voz de cantantes y oradores franceses magistralmente entrenados.

Para desarrollar la resonancia nasal, repite el siguiente verso alargando tanto como te sea posible los sonidos *ng*. Desliza la voz por la cavidad nasal. Practica registros altos y bajos hasta producir tonos cada vez más claros. Repite:

Di*ng*-do*ng*. Ho*ng*-Ko*ng*. Ki*ng*-Ko*ng*. Pi*ng*-po*ng*.

Al practicar en voz de falsete, la voz adquiere cierta brillantez y el discurso suena más nítido. Elije una selección musical de tu preferencia y cántala en voz de falsete –aunque en los hombres es extremadamente alta y femenina. Por esta razón, ellos no deben esforzarse demasiado al practicar en falsete después de que sientan cansancio en su voz.

La actriz Mary Anderson le preguntó al poeta Longfellow qué podía hacer ella para mejorar su voz. Él le respondió: "Adquiere el hábito diario de leer poesía alegre en voz alta".

Los tonos alegres son tonos brillantes. Desarróllalos mediante el ejercicio. Practica tus ejercicios de voz en una actitud de alegría. Bajo la influencia del placer, el cuerpo se expande, los canales que le dan paso a la voz se abren, se aceleran los latidos del corazón, se intensifica el trabajo de los pulmones y se establecen todas las condiciones físicas esenciales que le dan paso a una voz encantadora.

Más canciones salen de las ventanas rotas de las cabañas de los negros del Sur que de las casas palaciegas de la Quinta Avenida. Henry Ward Beecher dijo que los días más felices de su vida no fueron cuando se convirtió en un personaje internacional, sino cuando era un ministro desconocido en Lawrenceville, Ohio, barriendo su propia iglesia y trabajando como carpintero para poder pagarle al tendero. La felicidad es en gran medida una actitud de la mente, de ver la vida desde el ángulo recto. La actitud optimista puede ser cultivada y se expresará en el encanto de la voz. Una compañía telefónica anunció hace tiempo este lema en sus cabinas: "La voz que sonría ganará". Es cierto. Inténtalo.

Leer prosa alegre o poesía lírica te ayudará a reflejar la sonrisa y la alegría de tu alma a través de tu voz.

Lee en voz alta el siguiente pasaje haciendo énfasis sobre las palabras e ideas principales. Hazlo con vivacidad.

Parte del discurso de Napoleón a su regreso de Egipto:

"¿Qué has hecho con esa brillante Francia que te dejé? Te dejé en paz y te encuentro en guerra. Te dejé victoriosa y te encuentro derrotada. Te dejé los millones de Italia y solo encuentro espoliación y pobreza. ¿Qué has hecho con los cien mil franceses, mis compañeros de gloria? ¡Están muertos! Este estado de cosas no puede durar mucho tiempo; en menos de tres años nos hundiríamos en el despotismo".

RECUERDA que cuando haces tus ejercicios de lectura, primero, debe prestarles toda tu atención a dos aspectos: a tener una actitud alegre del corazón y del cuerpo, y a procurar emitir tonos brillantes de voz. Después de que hayas alcanzado estos fines, revisa con cuidado los principios de la oratoria expresados en los capítulos anteriores y ponlos en práctica.

Los niños que juegan contentos en la calle, llenos de vitalidad, tienen una resonancia y un encanto en sus voces muy diferentes de aquellas voces que flotan a través de las silenciosas salas de los hospitales. Un médico experto puede decir mucho sobre la condición de un paciente a partir del mero sonido de su voz. La falta de salud, e incluso el cansancio físico, se reflejan a través de la voz. Por eso, siempre es aconsejable descansar y estar renovado antes de pronunciar un discurso público.

"La prenda de vestir siempre describe al hombre". La voz también es siempre uno de los mayores reveladores del carácter del ser humano. La mujer superficial, el hombre brutal, el reprobado, la persona culta, a menudo reflejan su naturaleza interior en la voz. Ni siquiera el disimulador más inteligente puede impedir que sus tonos de voz reflejen sus pensamientos y emociones. En medio de la ira, la voz fluye en tono alto, áspero y desagradable; si el sentimiento es de amor, la voz sonará en un tono bajo, suave y melodioso. Las variaciones son tan ilimitadas como fascinantes de observar. Visita el camerino de un teatro en una ciudad grande y escucharás las voces de las chicas del coro en un tono atrayente y burlesco. La explicación es sencilla: sus vidas bohemias. Emerson dijo: "Cuando un hombre vive con Dios, su voz será tan dulce como el murmullo de un arroyo".

Es imposible albergar pensamientos egoístas y tener una personalidad atractiva o una voz encantadora. Si deseas poseer una voz encantadora, cultiva una comprensión profunda y sincera de la Humanidad. El amor brillará a través de tus ojos y se proclamará en tus tonos de voz. El secreto de la dulzura de la canción del canario es quizá que está libre de pensamientos contaminados. Tu personalidad embellece o estropea tu voz. Así como el hombre piensa en su corazón, así es su voz.

## PREGUNTAS Y EJERCICIOS

1. Define (a) encanto; (b) alegría; (c) belleza.

2. Escribe una lista de todas las palabras que vengan a tu mente que estén relacionadas con la alegría.

3. Escribe un elogio de tres minutos cuyo tema sea "El hombre alegre".

4. Ahora, dilo sin usar tus notas. ¿Has considerado cuidadosamente todas las cualidades que componen el encanto de la voz al pronunciar un discurso?

5. Explica de qué manera estás trabajando para desarrollar una voz encantadora.

6. Describe cuál es el efecto de la personalidad y el carácter en la voz.

7. Analiza en qué consiste el encanto de la voz de tu orador o cantante preferido.

8. Identifica cuáles son los defectos más frecuentes de la voz.

9. Haz un breve discurso humorístico imitando ciertos defectos de voz señalando las razones para esos defectos.

10. Interpreta la siguiente estrofa mostrando con tu voz cada sentimiento sugerido o expresado por el poeta:

"Un bebé cuando mira en una luz,
Un niño en el momento de recibir alimento del pecho de su madre,
Un devoto cuando recibe la hostia,
Un árabe con un extraño como huésped,
Un marinero cuando la tormenta lo ha vencido,
Un avaro atesorando dinero,

Ninguna causa tal alegría
Como la de contemplar tus seres amados mientras duermen".
–Byron, Don Juan.

# CAPÍTULO 14

## PRONUNCIACIÓN

> "A través del hombre, habla Dios".
> –Hesíodo, *Palabras y días*

> "Infinitos son los modos de hablar, y se extiende
> de lado a lado el ancho campo de las palabras".
> –Homero, *Ilíada*

En el uso popular, los términos "pronunciación", "enunciación" y "articulación" son sinónimos. Sin embargo, la pronunciación como tal incluye tres procesos distintos y se define como la declamación de una sílaba o un grupo de sílabas teniendo en cuenta su articulación, su acentuación y su enunciación.

¡Qué molesto es oír a un orador emitir sonidos poco articulados bajo la falsa ilusión de que está hablando con claridad frente a su público! ¿Será eso hablar? ¡Hablar significa comunicarse! Y ¿cómo logra comunicarse realmente sin pronunciar bien todas y cada una de sus palabras?

La pronunciación descuidada proviene bien sea de una deformidad física o de un mal hábito. Un cirujano o un odontólogo maxilofacial podrían ayudarte a corregir tu deformidad, pero tú eres –mediante la observación y el conocimiento de ti mismo, haciendo uso de tu propia voluntad y a través del tipo de ejercicio indicado –el único que logra romper un mal hábito. Todo depende de si piensas que vale la pena o no romperlo.

La pronunciación defectuosa es una práctica tan extendida que saber pronunciar resulta siendo la excepción a la regla. Es dolorosamente común escuchar a los oradores públicos mutilar su idioma. Y si no logran mutilarlo, como dijo Curran una vez, por lo menos, lo maltratan.

Un clérigo canadiense relató en *Homiletic Review* que, en sus días de estudiante, un misionero inglés llegó a predicar a su iglesia un domingo y, al día siguiente, llevó a cabo una reunión con los diáconos con el fin de expresarles que algunos lugareños pensaban estar cumpliendo su deber hacia las misiones aportando "insignificancias" a la obra cuando, en realidad, el Señor requería de más. Al final de la reunión, una joven le respondió: "Bien, si los feligreses les dan sus cerdos y gallinas a las misiones, eso es más de lo que ellos pueden aportar".

Es ofensivo que un orador se dirija al público y durante su discurso insista en arrebatarles a los asistentes su alegría y entusiasmo. Quien no demuestra suficiente conocimiento de sí mismo como para reconocer sus propios errores, ni tiene el dominio para corregirlos, ni goza de ninguna autoridad moral para instruir a otros sobre ellos. Si él mismo no puede hacer con excelencia lo que está proponiendo, ni tiene intenciones de mejorar, debería guardar silencio.

Salvo defectos físicos incurables –y pocos son incurables hoy en día–, todo es cuestión de voluntad. Muchos oradores han hecho hasta lo imposible por trabajar para mejorar sus habilidades al hablar frente al público. "Cuanto menos habilidades tengas", dice Nathan Sheppard, "mayor será tu necesidad de sacarles el máximo de provecho a tus fortalezas".

## Articulación

La articulación es la formación y unión de los sonidos elementales del habla. Parece una tarea espantosa articular con exactitud cada palabra, pero es necesario aprender a pronunciar de forma exacta cada uno de los sonidos básicos del lenguaje.

Algunas de las razones por las cuales la articulación es maltratada en gran medida por una inmensa cantidad de oradores públicos suelen ser, por ejemplo, el desconocimiento de los sonidos básicos, la inhabilidad para diferenciar entre sonidos casi iguales, el uso descuidado y perezoso de los órganos vocales y una voluntad torpe, entre otras. Cualquiera que desee mejorar la calidad de su discurso debe autoexaminarse y procurar identificar qué defectos de pronunciación tiene para luego diseñar estrategias que le ayuden a corregirlos.

Casi todos son errores de descuido –no de ignorancia– porque el oído nunca se enfoca en oír lo que articulan los labios. La pronunciación suele ser uno de los aspectos más exasperantes para el extranjero que está tratando de adquirir los sonidos básicos de una segunda lengua y no logra reproducirlos; sin embargo, no debe haber ninguna excusa para que no haya una pronunciación adecuada de los sonidos que le dan forma, vida y belleza al lenguaje. El que sea demasiado perezoso para hablar correctamente, que refrene su lengua.

"El que tiene guiño para guiñar, que guiñe", es la interpretación que le dio un clérigo negado para el inglés a la conocida porción de la Biblia que dice: "El que tiene oídos para oír, que oiga". Después de oír pronunciar el nombre de Sir Humphry Davy, un francés que deseaba escribirle al eminente inglés se dirigió a él así en su carta: "Serum Fridavi".

La articulación es el énfasis que hacemos en la sílaba apropiada de cada palabra. Sin embargo, esto es lo que popularmente se conoce como pronunciación. Por ejemplo, decimos que una palabra se pronuncia mal cuando se acentúa IN-vi-te en lugar de in-VI-te.

Es trabajo de toda una vida aprender a marcar el acento apropiado de la mayor cantidad de palabras posible y saber mantener el ritmo del discurso a medida que hablamos; un oído atento, el estudio de los orígenes de las palabras y el hábito del diccionario resultarán convirtiéndose en herramientas poderosas en esta labor que nunca terminaremos de perfeccionar.

## Enunciación

La enunciación correcta es la pronunciación completa de todos los sonidos de una sílaba o palabra. Por el contrario, la enunciación equivocada se produce cuando la pronunciación es incompleta. El hablante no emite todos los sonidos y la palabra suena inexacta y, por lo tanto, incorrecta.

La articulación errónea también produce sonidos equivocados y es tan ofensiva como el hábito común de decir las palabras juntas de corrido ya que pierden su individualidad y distinción.

La enunciación imperfecta se debe a la falta de atención y al movimiento perezoso de los labios, pero se puede corregir prestando más atención a la formación de las sílabas tal como deben pronunciarse. Los labios flexibles enuncian combinaciones difíciles de sonidos sin dejar de pronunciar ninguno de ellos, pero no es posible alcanzar tal flexibilidad excepto por la pronunciación de las palabras con total exactitud. El ejercicio diario en la enunciación de una serie de sonidos les dará flexibilidad a los labios y mantendrá la mente alerta de modo que ninguna palabra sea pronunciada sin que su sonido sea completo.

Volviendo a nuestra definición vemos que, cuando los sonidos de una palabra están debidamente articulados –y acentuamos la sílaba que es–, el resultado es una pronunciación correcta. Sin embargo, quizá sea necesario agregar que no debemos estar ansiosos por emitir tan claramente todo sonido que lleguemos al punto de excedernos y descuidemos la unidad y suavidad de la pronunciación. Procura tener cuidado de no ponerles tanto énfasis a las sílabas que parezca que las palabras son más largas de lo que son.

Antes de pronunciar tu discurso, no dejes de revisar todo tu manuscrito y resaltar algunas partes que, por una u otra razón, quizá te cuesta trabajo pronunciar. Consulta el diccionario y asegúrate de que los términos que vas emplear concuerden con el significado que quieres transmitir y estén bien pronunciados. Si la ordenación de las palabras es desfavorable, cambia el orden que les diste y no descanses hasta que logres seguir las instrucciones que Hamlet les dio a los actores.

## PREGUNTAS Y EJERCICIOS

1. Practica repetir rápidamente los siguientes fragmentos prestándoles especial atención a las consonantes más repetitivas:

   "Tres tristes tigres tragan trigo en tres tristes platos".

   "Si gustas del gusto que gusta a mi gusto, yo gusto del gusto que gusta a tu gusto".

2. ¿Has observado si hay sonidos que te cuesta trabajo pronunciar? Elabora una lista y practícalos hasta decirlos a la perfección.

3. ¿Te cuesta trabajo encontrar dónde hacer énfasis correcto al pronunciar ciertas palabras? ¿Cuáles?

4. ¿Recuerdas algún discurso en el que observaste que el orador mostraba fallas en su pronunciación? ¿Cuáles eran esas fallas?

5. Explica de qué maneras la falsa vergüenza de parecer demasiado precisos nos impide mejorar nuestra expresión verbal.

## CAPÍTULO 15

## LA VERDAD SOBRE LA GESTICULACIÓN

> "Cuando Whitefield interpretó a un viejo ciego
> avanzando lentamente hacia el borde del precipicio,
> Lord Chesterfield se puso en pie y gritó:
> '¡Dios mío, Dios mío, se va a lanzar!"
> –Nathan Sheppard, *Before an Audience*

La gesticulación es en realidad un asunto sencillo que requiere de observación y sentido común –y no tanto un conjunto de normas. Es, más que todo, una expresión externa de nuestra condición interior. Es simplemente un efecto: el efecto de un impulso mental o emocional que lucha por expresarse a través de la vía física.

Sin embargo, no debes comenzar en el lado equivocado; si te molestan tus gestos o la falta de ellos, enfócate en la causa, no en el efecto. No te ayudará en lo más mínimo agregarle a tu gesticulación unos pocos movimientos mecánicos. Si el árbol de tu jardín no está creciendo como debería, fertiliza y riega la tierra, y deja que le dé el sol. Obviamente, no le ayudará a tu árbol que le claves algunas ramas. Si tu cisterna está seca, espera hasta que llueva o perfora un pozo. ¿Por qué sumergir una bomba en un agujero seco?

El orador cuyos pensamientos y emociones están brotando dentro de él no tendrá mucho problema para acompañar sus palabras con la gesticulación adecuada. Fluirán con naturalidad. Si tu nivel de entusiasmo hacia el tema no es tan alto como para darle un impulso natural a tu discurso, no servirá de nada darte una larga lista de reglas. Harás algunos movimientos, pero estos se verán como ramas marchitas clavadas en un árbol para simular vida. Los gestos deben nacer, no construirse. Un caballo de madera puede divertir a los niños, pero se necesita uno vivo para desplazarse hacia algún lugar.

No solo es imposible establecer reglas definidas sobre el tema de la gesticulación, sino que sería una tontería intentarlo pues todo depende del discurso, la ocasión, la personalidad y los sentimientos del orador, así como de la actitud del público. Es bastante fácil pronosticar el resultado de multiplicar siete por seis, pero es imposible decirle a un orador qué clase de gestos se verá obligado a usar cuando quiera demostrar la seriedad de lo que está diciendo. Podríamos decirle que muchos oradores cierran la mano con la excepción del dedo índice y que apuntando ese dedo a la audiencia vierten todos sus pensamientos; o que hay quienes mueven hacia delante un pie cuando quieren enfatizar algún punto; o que Bryan a menudo juntaba las palmas de sus manos en señal de énfasis; o que Gladstone a veces se apresuraba a la mesa del secretario en el Parlamento y la golpeaba con la mano con tanta fuerza que D'israeli se fue una vez a casa, felicitándose a sí mismo y sintiéndose un poco preocupado de que tal barrera se interponía entre él y «el honorable caballero».

Todas estas recomendaciones, y hasta una larga bibliografía, podríamos darle a cada orador, pero no sabemos si usará esos gestos o no, como tampoco sabemos si estaría dispuesto a usar su ropa al estilo de Bryan. Lo mejor respecto a este tema es ofrecer algunas sugerencias prácticas y dejar que el buen gusto personal decida dónde termina la acción dramática efectiva y empieza el movimiento extravagante.

## Cualquier gesticulación que llame la atención es desagradable

El propósito de la gesticulación es transmitirles tus pensamientos y sentimientos a las mentes y corazones de tus oyentes; lo lograrás haciendo énfasis en tu mensaje, interpretándolo, expresándolo con tu accionar, marcando el tono con un gesto físicamente descriptivo, sugestivo o típico –recuerda siempre que el gesto incluye todo el movimiento físico desde la expresión facial y el movimiento de la cabeza acompañado de movimientos expresivos de la mano y el pie. Un cambio de postura suele ser un gesto más efectivo.

La gente tiende a fijarse y leer los gestos más que las palabras. Si alguien te ve caminar, y se fija más en tu caminado que en ti, corrige la forma en que estás caminando. Si la atención de tu audiencia se centra en tu gesticulación, entonces esta no es convincente y tal vez parece –y es lo que hace dudar– estudiada.

¿Alguna vez has visto a un orador usar unos gestos tan grotescos que te desconcertó la rareza de su frenesí hasta el punto en que no lograste concentrarte en lo que él estaba diciendo? No sofoques tu discurso con tanta gesticulación.

Savonarola se ubicaba desde el púlpito más alto de la congregación en el domo de Florencia transmitiéndoles su mensaje con fogosa convicción a sus oyentes; Billy Sunday solía deslizarse sobre la alfombra del escenario para dramatizar una de sus ilustraciones de béisbol. Sin embargo, en ambos casos, sus mensajes se destacaban más que su gesticulación –es principalmente en la calma que sigue después del discurso que la gente recuerda cuando una expresión fue demasiado dramática. Cuando Sir Henry Irving hizo su famosa aparición como "Shylock", lo último que vio la audiencia fue sus manos flacuchentas, pálidas y extendidas en señal de avaricia como en forma de garras. En ese preciso momento, los asistentes estaban embebidos por la tremenda escenificación de semejante gesto. Ahora, con el paso de los años, hemos tenido tiempo para pensar en su arte y discutir sobre lo realista de su interpretación.

Solo cuando el gesto está subordinado a la esencia de la idea –cuando es una expresión espontánea y viva de la verdad viviente– es justificable en absoluto; y cuando es recordado por sí mismo –como una manifestación de energía física innecesaria– es un fracaso muerto como expresión dramática. Hay un lugar para cada estilo; también hay un lugar para hacer movimientos sorprendentemente rítmicos de brazos y piernas –y es en la pista de baile o el escenario. No dejes que por exagerar tu agilidad y gracia se queden tus ideas por fuera de tu mensaje.

Mis primeras lecciones sobre gesticulación las recibí de un cierto presidente de la universidad que sabía mucho más sobre la maternidad de las gallinas que sobre cómo expresarse a través de los gestos. Sus instrucciones eran comenzar el movimiento en una determinada palabra, continuarlo en un punto preciso del mensaje y desplegar los dedos en la conclusión, terminando con el dedo índice –y eso era todo. Mucho –más de lo necesario– se ha publicado sobre este tema dando apenas esas instrucciones tan tontas. La gesticulación es una cuestión de mentalidad y sentimiento, no un asunto geométrico. Recuerda siempre que, por ejemplo, un par de zapatos, una manera de pronunciar o un gesto que llame la atención en sí mismo, son una mala señal. Si tu gesticulación ha sido adecuada, tu discurso habrá sido bueno y tus oyentes no se irán diciendo: "¡Qué hermosos gestos hizo!" Más bien dirán: "Voy a votar por ese candidato", "Tiene razón, yo estoy de acuerdo con eso".

## La gesticulación debe nacer del momento

Los mejores actores y oradores públicos rara vez saben de antemano qué gestos van a hacer. Ellos hacen un gesto en ciertas palabras durante una función y lo más probable es que, en la siguiente, hagan otro o ningún gesto en esa misma parte del discurso. Son sus diversos estados de ánimo y sus interpretaciones los que gobiernan sus gestos. Es cuestión de impulsos y de una conexión inteligente con sus emociones –no pases por alto esa palabra inteligente. La naturaleza no siempre proporciona el mismo tipo de amaneceres, ni de copos de nieve; así mismo, los movimientos de un buen orador varían casi tanto como las creaciones de la naturaleza.

Ahora bien, todo esto no quiere decir que no debes pensar en tus gestos. Si así fuera, ¿cuál sería entonces el propósito de este capítulo? Cuando un sargento le pide a un recluta que salga de la fila y se mire a sí mismo, le da instrucciones precisas para mejorar la totalidad de su posición corporal. Cuando tú estás en la etapa de aprendizaje como orador público, debes aprender a criticar tus propios gestos. Repásalos, observa dónde fueron innecesarios, toscos, incómodos, cuáles no hacer o hacer mejor la próxima vez. Hay una gran diferencia entre ser consciente de sí mismo y ser autoconsciente.

Debes saber discriminar y cultivar gestos espontáneos para luego ponerlos en práctica. Y aunque depende del momento, es vital que recuerdes que solo un genio dramático logra efectivamente tales hazañas como las que hemos relatado de Whitefield, Savonarola y otros; no hay la menor duda de que, la primera vez que ellos utilizaron ciertos gestos, estos surgieron mediante una explosión de sentimiento espontáneo. Sin embargo, Whitefield declaró que hasta que no hubo pronunciado un discurso cuarenta veces, no logró hacerlo a la perfección. Lo que surge de forma espontánea también exige de práctica constante.

Todo orador eficaz y todo actor expresivo han observado, considerado y practicado su gesticulación hasta lograr que sus acciones dramáticas, así como su pronunciación, sean subconscientes y adecuadas sin tener que concentrarse en ellas durante su discurso, ni en su interpretación. Cada orador eficiente en el escenario es poseedor de una docena de maneras en que podría representar con distintos gestos cualquier emoción dada. De hecho, los gestos para cada expresión son interminables y es precisamente por eso que resulta inútil y perjudicial hacer una tabla de gestos y aplicarlos como los ideales de lo que se podría usar para expresar tal o cual sentimiento. Practica movimientos descriptivos, sugestivos y típicos, así como una buena articulación, hasta que te surjan naturalmente; además, procura no pronosticar los gestos que usarás en un momento dado: deja que sean algo propio de ese momento.

## Evita que tu gesticulación sea monótona

La carne asada es un plato excelente, pero sería terrible si fuera una dieta exclusiva. No importa cuán efectiva sea tu gesticulación, no la exageres. Pon variedad en tus acciones o la monotonía destruirá toda la belleza y poder que haya en tus gestos. Si bien es cierto que cada gesto es efectivo, también tiene sus limitaciones.

## Cualquier movimiento que no sea significativo, debilita el discurso

No olvides eso. La inquietud no es una expresión. Una cantidad de movimientos inútiles solo desconcentrará la atención de la audiencia respecto a lo que estás diciendo. Cierto presentador bastante reconocido le presentó a su audiencia neoyorquina a un orador una tarde de domingo. Lo único que la gente recordó de ese discurso introductorio fue que el orador jugaba nerviosamente con la cubierta de la mesa mientras hablaba. Es cierto que vemos con naturalidad cuando los objetos están en movimiento. Pero, por ejemplo, un conserje bajando una ventana en la mitad de un programa de televisión llamaría la atención de los televidentes; una bailarina atraería el interés de los espectadores al equivocarse en alguno de los pasos de la coreografía que está haciendo el resto de las bailarinas. Cuando nuestros antepasados vivían en cuevas, ellos les prestaban mucha atención a los objetos en movimiento porque estos significaban peligro. Todo parece indicar que todavía no hemos superado ese hábito y que por esta razón los publicistas se aprovechan de él –préstales atención a la cantidad de luces en movimiento que hay en casi todos los avisos publicitarios de cualquier ciudad. Un orador astuto respeta esta ley y procura conservar la atención de su audiencia eliminando todos los movimientos innecesarios.

*Los gestos deben ser simultáneos a las palabras o precederlas, no ir después de ellas.*

Lady Macbeth dice: "Da la bienvenida con tus ojos, tu mano y tu lenguaje". Invierte este orden y obtendrás comedia. Di: "Ahí va él", señalándolo después de haber terminado tus palabras, y observa si el resultado no es cómico.

## No hagas movimientos cortos y agresivos

Algunos oradores parecen estar imitando a un camarero al que no le han dado una propina. Deja que tus movimientos sean suaves, que fluyan desde el hombro y no del codo, pero no te vayas al otro extremo de hacer demasiados movimientos fluidos que resulten innecesarios.

Ponles efecto y vida a tus gestos, pero no de una manera mecánica porque el público los detectará aunque no sepa con exactitud qué es lo que hay mal en ellos. Lo que sí se notará es que hay algo de falso en ellos.

## La expresión facial es importante

¿Alguna vez te has detenido frente a un teatro de Broadway a observar las fotografías del reparto? Fíjate en la fila de las chicas del coro que se supone que están expresando miedo. Sus actitudes seguramente son tan mecánicas que el intento resulta ridículo. Luego, observa la imagen del protagonista expresando la misma emoción:

sus músculos son bien definidos, sus cejas se levantan y el miedo brilla a través de sus ojos. Ese actor sentía el miedo cuando le estaban tomando la fotografía. Las chicas del coro sentían emoción porque había llegado la hora de hacer una pose para la foto y expresaron más esa emoción que la de temor. Por cierto, esa es una de las razones por las que ellas se quedan siendo parte únicamente del coro.

Los movimientos de los músculos faciales suelen significar mucho más que los movimientos de la mano. El hombre que se sienta alicaído con una mirada de desesperación en su rostro está expresando sus pensamientos y sentimientos con la misma efectividad que el hombre que está agitando los brazos y gritando desde el último vagón de un tren. Los ojos han sido llamados la ventana del alma porque a través de ellos brilla la luz de nuestros pensamientos y sentimientos.

## No hagas demasiada gesticulación

De hecho, en momentos de grandes crisis no hacemos demasiados movimientos. Cuando tu amigo más cercano muere, tú no levantas las manos, ni hablas de tu dolor. Lo más probable es que te sientes y permanezcas en silencio con los ojos secos. El río Hudson no hace mucho ruido en su camino hacia el mar —no hace ni la mitad del ruido de la que hace un sapo en el pequeño arroyo de Bronx Park; un perro que ladra nunca te rasgará tu pantalón —o por lo menos, eso es lo que dice la gente; no le temas al hombre que agita sus brazos y deja salir su cólera, sino al que viene hacia ti despacio y lleno de ira porque él sí querrá derribarte. El alboroto no es fuerza. Observa estos principios en la naturaleza y ponlos en práctica al pronunciar tu discurso.

En una ocasión me dispuse a observar a un instructor durante una clase de gesticulación. Habían llegado al pasaje de Enrique VIII en el que el humilde cardenal dice: «Adiós, un largo adiós a toda mi grandeza». Ese es un pasaje conmovedor de la Literatura. Un hombre que expresaba tal sentimiento se habría sentido aplastado y lo último que habría hecho hubieran sido movimientos extravagantes. Sin embargo, los estudiantes de esta clase tenían un manual de elocución delante de ellos que exigía un gesto específico para cada ocasión, desde pagar la factura de gas hasta las despedidas en el lecho de muerte. En esta escena del cardenal eran instruidos a abrir sus brazos a lado y lado de su cuerpo diciendo: "Adiós, un largo adiós a toda mi grandeza". Tal gesto podría utilizarse en un discurso después de una cena en alguna convención de una compañía telefónica cuyas líneas se extiendan desde el Atlántico hasta el Pacífico, pero pensar en que Wolsey hizo ese movimiento habría sugerido que su destino fue justo.

## La postura

La postura física que adopta el orador frente a su audiencia incluye la gesticulación. Sin embargo, esta no depende de reglas, sino del propósito de su discurso y de la ocasión. Por ejemplo, el Senador La Follette permaneció de pie frente al público por un espacio de tres horas; la postura que adquirió fue apoyando su cuerpo sobre su pie delantero mientras deslizaba los dedos por su cabello al hacer una denuncia contra los fideicomisos. Su discurso fue muy eficaz. Pero imagínate a un orador que adopte esa misma posición durante un discurso cuyo tema sea el desarrollo de maquinaria de construcción de carreteras. Si tú tienes un mensaje efervescente, dinámico, que te inspira, casi siempre pones tu pie hacia delante sin darte cuenta. Un hombre en una acalorada discusión política o en una pelea callejera nunca se detiene a pensar en qué pie debe apoyar su peso. A veces, te apoyas sobre tu pie trasero si tienes un mensaje tranquilo y sutil, pero no te preocupes por eso: lo único que debe preocuparte es transmitir que de verdad sientes lo que dices. No te pares con los talones juntos como un soldado o un mayordomo; tampoco los mantengas muy separados como un policía de tráfico. Utiliza buenos modales y tu sentido común.

Hasta aquí, te hemos aconsejado que procures que tus gestos y posturas sean espontáneos y no preparados de antemano, pero no vayas al extremo de ignorar la importancia de tener dominio sobre tus movimientos físicos. Una mano musculosa, pero flexible y ágil es un instrumento mucho más eficaz que una mano tiesa y regordeta. Si tus hombros son flexibles y las posturas de tu pecho y tu barbilla son adecuadas, te será más fácil y mejor improvisar tus ademanes.

Aprende a mantener el cuello erguido, el pecho alto y la cintura recta. En otras palabras, el equilibrio, la flexibilidad y la elegancia del cuerpo son características fundamentales para una postura corporal adecuada pues son expresiones de vitalidad –y sin vitalidad ningún orador entrará en el reino del poder. Cuando un incómodo gigante como Abraham Lincoln se elevó a las alturas más sublimes de la oratoria lo hizo por la grandeza de su alma –su robustez de espíritu y su honestidad diáfana se expresaron adecuadamente a través de su desgarbado cuerpo. La fogosidad de su carácter, su mesura y la importancia de sus mensajes convencían a sus oyentes mientras quizá las palabras lisonjeras de un insolente Apolo no habrían causado ningún efecto. Lincoln es un gran ejemplo de cómo un magnífico orador se sobrepone incluso a su torpeza física.

"Ty" Cobb comentó en público que cuando se encontraba en malas condiciones de bateo se paraba frente a un espejo con el bate en la mano para observar su "swing" y seguir mejorando su estilo. Si tú quieres aprender a pararte bien frente a la audiencia, mírate en un espejo, pero no demasiado a menudo. Practica caminar y estar de pie ante el espejo para vencer la torpeza –no para cultivar una pose. Párate en el escenario con la misma comodidad con la que te paras frente a tus visitas en casa. Si tu postura no es elegante, practica el baile y la gimnasia manteniendo en mente la pose que quisieras adoptar.

No mantengas siempre la misma pose. Cualquier gran cambio de pensamiento requiere un cambio de postura, siempre cómoda. No hay reglas, todo es cuestión de gusto. Cuando estés en el escenario, olvida que tienes las manos hasta que tengas que utilizarlas; úsalas con eficacia; la gravedad se hará cargo de ellas. Por supuesto, si quieres ponerlas hacia atrás, o doblarlas de vez en cuando, no por eso arruinarás tu presentación. Son tus pensamientos y tus sentimientos los que intervienen en gran manera en tu discurso, –no la posición de un pie o una mano. Simplemente, pon tus extremidades de tal manera que te sientas cómodo –tú eres quien ejerces control sobre ellas, así que tú eres quien decides cuándo usarlas.

Permíteme reiterarte que no debes descuidar la práctica de tu postura corporal para que tu movimientos sean espontáneos; si no los practicas, no te fluirán con la misma naturalidad. Recuerda que no importa qué tan naturales sean, siempre podrás mejorarlos.

Es imposible que cualquier persona –incluido tú– critique tu gesticulación, sino hasta cuando ya la hayas hecho. Nadie puede arrancar un durazno del árbol sino hasta cuando ya ha salido; procura hablar y observarte al mismo tiempo. Cuando estés examinándote, no te olvides de observar estatuas y pinturas para ver cómo los grandes pintores han plasmado sus cuadros y expresado sus ideas a través de ellos. Observa la gesticulación de los mejores oradores y actores. Observa la expresión física de la vida en todas partes. Las hojas del árbol responden a la menor brisa; así mismo, los músculos de tu rostro y la luz de tus ojos deben responder al más mínimo cambio de tus sentimientos. Emerson afirmó: "Toda persona que conozco es, de alguna manera, mi superior porque de ella aprendo".

Los italianos analfabetas hacen gestos tan maravillosos y bellos que Booth o Barrett se sentaban a observarlos. "Abre tus ojos" decía Emerson, "estamos inmersos en la belleza, pero nuestros ojos no tienen una visión clara de ella". Deja por un momento esta lectura y observa a los niños jugar; mira cómo uno le ruega al otro por un mordisco de su manzana; de pronto te encuentras con una pelea callejera; observa la vida en acción. ¿Quieres saber cómo expresar una victoria? Observa las manos de los electores que vencieron en la noche de las elecciones. ¿Quieres aprender cómo defender una causa? Observa la lucha constante de la gente para sobrevivir a diario. Observa actitudes, imítalas y toma de ellas lo mejor que puedas. Asimílalas hasta que se conviertan en una parte de ti y luego deja que cada expresión fluya en el momento adecuado.

## PREGUNTAS Y EJERCICIOS

1. ¿De qué fuentes quisieras aprender a estudiar gesticulaciones?

2. ¿Cuál es el primer requisito de un buen gesto? ¿Por qué?

3. ¿Por qué es imposible establecer normas fijas para gesticular?

4. Ensaya un gesto (a) gracioso; (b) enérgico; (c) extravagante; (d) inadecuado.

5. ¿Qué gestos usas para hacer énfasis? ¿Por qué?

6. ¿Cómo adquieres más elegancia en tus movimientos?

7. En caso de dudar respecto a un gesto, ¿qué harías?

8. Según tus observaciones ante un espejo ¿cuáles son tus defectos de gesticulación?

9. ¿Cómo piensas corregirlos?

10. Describe algún gesto particularmente apropiado que hayas observado en ti mismo. ¿Por qué te parece apropiado?

11. Cita al menos tres movimientos en la naturaleza que bien pudieran ser imitados con un gesto.

12. ¿Qué recogerías de las expresiones: gesto descriptivo, gesto sugestivo y gesto típico?

13. Selecciona alguna emoción básica, como por ejemplo el miedo, e intenta imaginar por lo menos cinco situaciones diferentes que pudieran provocarla; luego, trata de expresar sus varias fases a través de gestos, incluyendo la postura corporal, el movimiento y la expresión facial.

14. Ensaya lo mismo con otras emociones.

15. Selecciona tres pasajes de cualquier fuente, pero asegúrate de que sean apropiados para hacer un discurso público; luego, memorízalos y ensaya los gestos adecuados para cada uno y haz tu discurso frente a un pequeño grupo de tu preferencia.

## CAPÍTULO 16

## FORMAS DE TRANSMITIR EL MENSAJE

> "La consumación de un mensaje ocurre en el momento de transmitírselo al público. La audiencia espera que el orador haya preparado su mensaje porque por él será juzgado... Todo el poder de un orador converge en su oratoria. La lógica y agudeza con las que él coordina los aspectos en torno a su tema, la facilidad retórica con que ordena su lenguaje, el control al que ha llegado en el uso de su cuerpo como su único órgano de expresión gestual, sea cual sea la riqueza de su pericia y experiencia –todo esto pasa a un segundo plano; lo realmente importante es su manera de hacerles llegar el mensaje a sus oyentes. La hora de la entrega es la "hora suprema e inevitable" para el orador. Es este hecho el que hace que la falta de preparación adecuada sea tan evidente. Y es este mismo hecho el que le brinda un gozo indescriptible al orador cuando ha logrado transmitir su mensaje con éxito. Es como la madre que olvida sus dolores de parto por la alegría de traer a su hijo al mundo".
> –J.B.E., *How to Attract and Hold an Audience*

Existen cuatro formas básicas para transmitir un mensaje hablado; todas las demás son modificaciones de una o más de estas: la lectura del discurso; sujetarse al discurso escrito y decirlo de memoria; el discurso basado en las notas y el discurso improvisado. Es imposible decir cuál es la mejor forma para todos los oradores en todas las circunstancias. Al decidir cuál vas a elegir, analiza la ocasión, la naturaleza de la audiencia, el carácter de tu tema y tus propias limitaciones de tiempo y habilidad. Sin embargo, vale la pena advertirte que no debes ser indulgente con la autoexigencia. Procura decirte a ti mismo osadamente: "Lo que otros hacen, yo también puedo intentarlo". Un espíritu audaz alcanza aquellas metas en las que los demás fracasan; las faenas difíciles desafían a los valientes.

## Leer el discurso

En un libro cuyo tema es hablar en público este método merece un poco de cautela ya que, aunque quisieras autoengañarte, tú sabes que la lectura pública no es equivalente a hablar en público. Sin embargo, hay tantos oradores que se apoyan en esta estrategia que por eso decidimos tratar en este punto el "discurso leído" –nombre poco apropiado para un estilo de discurso oral.

Ciertamente, hay ocasiones –entre ellas, la apertura de un congreso, la presentación de una pregunta incómoda ante un ente deliberativo o una conmemoración histórica– en que puede parecerles no solo al "orador", sino a todos los interesados, que lo primordial es poder expresar ciertos pensamientos en un lenguaje preciso que no sea ni malinterpretado, ni mal citado. En ocasiones como estas, la oratoria queda relegada a un segundo plano para darle paso al manuscrito y todo el mundo se resigna –con cierta esperanza– a que el llamado discurso no sea tan largo como la cantidad de papel que hay en las manos del orador. Quizá las palabras allí consignadas sean de oro, pero las miradas de los oyentes no dejan de reflejar asombro. Uno de cada cien oradores lee un discurso extenso y se disculpa con su auditorio; pero, por lo general, no se le debe culpar porque es casi seguro que alguien decidió que sería peligroso olvidar algún detalle y propuso la lectura de tan amplio documento.

Un inconveniente muy frecuente durante esas "grandes ocasiones" es que el ensayista –porque lo es– ha sido elegido no por su habilidad para hablar, sino porque su abuelo peleó en una determinada batalla o sus constituyentes lo enviaron al Congreso o sus donaciones lo han distinguido y hecho merecedor de leer el discurso.

Es algo así como elegir a un cirujano por su capacidad para jugar al golf. El hecho es que a las audiencias les encanta ver a un gran personaje en el auditorio y, debido a su eminencia, es probable que escuchen sus palabras con respeto y hasta con interés –incluso cuando están leyendo su discurso. ¡Pero cuanto más eficaz sería su mensaje si decidieran liberarse de los papeles y los hicieran a un lado!

En ninguna parte es tan frecuente el método del discurso leído como en el púlpito –el púlpito, que en estos días menos que nunca puede permitirse el lujo de cometer errores en público. Sin duda, muchos clérigos prefieren darles a sus sermones el toque de fervor, –que sean ellos entonces quienes elijan. Rara vez, los predicadores pretenden influir en las masas para que acepten su mensaje. Esto hace que ellos ganen en la precisión y elegancia de su lenguaje, pero pierdan fuerza y poder a la hora de transmitir el mensaje.

Existen cuatro motivos que mueven al orador a leer su discurso:

1. La pereza es el más común de ellos. No diré más al respecto. Ni siquiera el cielo puede hacer que un perezoso sea eficiente.

2. Una memoria tan defectuosa que ocasione que de verdad el orador no pueda hablar sin leer. Por desgracia, al leer no está hablando, –hecho doloroso, no solo para sí mismo. Sin embargo, nadie tiene derecho a asumir que su memoria es mala hasta que haya intentado hacer uso de ella y fracase. La mala memoria suele ser más una excusa que una razón.

3. Verdadera falta de tiempo para hacer más que escribir el discurso. Existen ciertos casos, ¡pero no ocurren cada semana! Disponer de tu tiempo te permite tener más flexibilidad de la que tú mismo te das cuenta. Esta tercera razón a menudo está conectada con la primera.

4. La convicción de que el discurso es demasiado importante como para arriesgarse a abandonar el manuscrito. Pero, si es vital que cada palabra sea tan precisa, el estilo tan pulido y los pensamientos tan lógicos como para que el predicador deba escribir el sermón en su totalidad, ¿no es el mensaje lo suficientemente importante como para que el orador haga el esfuerzo adicional de perfeccionar la manera en que va a transmitirlo? Es un insulto para cualquier congregación y un irrespeto al Dios Todopoderoso poner el fraseo de un mensaje por encima del mensaje mismo. Para llegar a los corazones de los oyentes, este debe ser transmitido en su totalidad. Se entrega a medias cuando el orador no puede pronunciarlo con verdadero poder y fuerza; cuando se limita a repetir palabras que fueron concebidas horas o semanas antes y por lo tanto son como el champán que ha perdido su burbujear. Los ojos del orador están atados a su manuscrito y por esa razón él no puede darle al público el beneficio de sus expresiones. ¿Durante cuánto tiempo se llenaría un teatro si los actores llevaran siempre en la mano sus diálogos y leyeran sus partes? Imagínate a Patrick Henry leyendo su famoso discurso; a Peter, el Ermitaño, con su manuscrito en mano exhortando a sus seguidores; a Napoleón leyendo sus notas al dirigirse al ejército en las pirámides; ¡a Jesús leyendo el Sermón del Monte! Ellos estaban tan llenos de sus temas, y su preparación general había sido tan abundantemente adecuada, que no tenían necesidad de un manuscrito ya fuera como punto de referencia o como "un signo externo y visible" de su

preparación. Ningún acontecimiento fue tan digno que requiriera un intento artificial de hacer un discurso. Un discurso escrito es un ensayo –y debe ser llamado por su nombre, pero nunca digas que es un discurso. Quizás el más digno de los acontecimientos sería una súplica al Creador. Pero, si alguna vez escuchaste la lectura de una oración, debes haber percibido su superficialidad.

Independientemente de cuáles sean las teorías sobre la manera correcta de leer un discurso escrito, lo cierto es que no funciona con eficiencia. Evítalo siempre que sea posible.

## Sujetarse al discurso escrito y decirlo de memoria

Este método tiene ciertos puntos a su favor. Si tienes tiempo y disponibilidad, podrás pulir y reescribir tus ideas hasta expresarlas en términos claros y concisos. Gibbon duró veinte años reuniendo material y reescribiendo *Decline and Fall of the Roman Empire*. Aunque tú no puedes dedicarles tan cuidadosa preparación a tus discursos, debes tomar el tiempo para eliminar palabras inútiles, agrupar párrafos enteros en una oración y elegir ilustraciones adecuadas. Los buenos discursos, como los juegos, no son escritos, sino reescritos. The National Cash Register Company seguía este plan con su equipo de ventas más eficiente: esta empresa requería que sus vendedores memorizaran textualmente su discurso de venta porque sostenía que la suya era la mejor manera de presentar sus argumentos de venta e insistía en que cada vendedor la utilizara en lugar de emplear frases al azar que vinieran a su mente en el momento de la venta.

El método de escritura y compromiso ha sido adoptado por muchos oradores destacados; Julio Cesar, Robert Ingersoll, y, en algunas ocasiones, Wendell Phillips, fueron ejemplos distinguidos de este tipo de discurso. Los maravillosos efectos logrados por actores famosos fueron posibles, por supuesto, mediante la entrega de líneas memorizadas.

El orador inexperto debe ser advertido del grado de dificultad de este método antes de que intente implementarlo ya que se requiere de mucha habilidad para utilizarlo con eficiencia. Las líneas memorizadas en boca de un neófito suelen sonar aprendidas –e incomodan a la audiencia.

Si quieres un ejemplo de este tipo de discurso, escucha a la modelo de una tienda por departamentos repitiendo su jerga memorizada sobre el acabado de unos muebles recién llegados al almacén o sobre el menú de un restaurante en inauguración. Se requiere de entrenamiento para hacer que un discurso memorizado suene fresco y espontáneo y, a menos que tengas muy buena memoria, necesitarás de mucho trabajo para que tu producto final suene convincente. Si olvidas algunas palabras, o una parte de tu discurso, es probable que te sientas tan confundido que, al igual que el guía de Mark Twain en Roma, te veas obligado a repetir tus líneas desde el principio.

Por otra parte, puedes estar tan ocupado intentando recordar las palabras que memorizaste que no lograrás decir con libertad lo que tienes que decir y, por lo tanto, tampoco lograrás esa espontaneidad que es tan vital para transmitir un mensaje contundente.

Pero no dejes que estas dificultades te asusten. Si crees que este método podría funcionarte, inténtalo. No te dejes disuadir por lo que tendrías que afrontar pues, con práctica, aprenderás a sortear lo que surja.

Una de las mejores maneras de superar este método es haciendo lo que el Dr. Wallace Radcliffe solía hacer: organizar el discurso sin escribirlo, haciendo prácticamente toda la preparación en su mente y sin poner nada por escrito –una forma laboriosa, pero efectiva de ejercitar tanto la mente como la memoria.

Te parecerá una excelente práctica, tanto para la memoria como para mejorar tu manera de transmitir tus mensajes, buscar y ensayar algunos discursos famosos teniendo en cuenta todos los principios que te hemos presentado. El distinguido orador William Ellery Channing dijo respecto a la práctica de la declamación:

"¿No es maravilloso ver la representación magistral de un drama? Me refiero al arte de la recitación. Una obra genial, interpretada por un gran artista cuyo carácter es entusiasta, con gran capacidad de elocución, es un espectáculo gratificante. Si este tipo de arte fuera interpretado por mejores actores, muchos amantes del teatro que hoy en día son insensibles a estas maravillosas composiciones despertarían y sucumbirían ante su encanto.

## Decir el discurso basado en las notas

El tercero, y el más popular de los métodos para presentar un discurso, es también quizá el más apropiado para el orador principiante. La técnica del discurso basado en las notas no es la ideal, pero aprendemos a nadar en aguas poco profundas antes de dirigirnos hacia las que sí lo son.

Diseña un plan definido para pronunciar tu discurso (revisa el Capítulo 13) y establece los puntos un poco a la manera de los discursos de los abogados o de los bosquejos de los predicadores. El siguiente es un ejemplo de unas notas muy sencillas:

TEMA: LA ATENCIÓN

**I. Introducción.**

Atención indispensable para el desempeño de cualquier buen trabajo. Anécdota.

**II. Atención definida e ilustrada.**

1. De ejemplos comunes.

2. De la vida de grandes hombres (Carlyle, Robert E. Lee).

### III. Su relación con otras prácticas mentales.

1. Razón.

2. Imaginación.

3. Memoria.

4. Voluntad. Anécdota.

### IV. La atención puede ser cultivada.

1. Atención involuntaria.

2. Atención voluntaria. Ejemplos.

### V. Conclusión.

Las consecuencias de la falta de atención y de la atención.

Pocos escritos serían tan precisos como este porque, con experiencia, un locutor aprende a usar pequeños trucos que atraigan su vista –como subrayar una palabra clave, dibujar un círculo rojo alrededor de una idea fundamental o de una palabra clave de un anécdota, y así sucesiva e indefinidamente. Vale la pena tener en cuenta estos puntos pues nada es más perjudicial a la mirada rápida del orador como la uniformidad en sus notas. Así que algo tan poco intencional como una mancha en su hoja de apuntes le ayudará a recordar a la mayor brevedad un "punto" importante de su discurso –tal vez por asociación de ideas.

Un orador inexperto probablemente requeriría notas más completas que el ejemplo anterior. Sin embargo, ese es el peligro ya que unas notas extensas no son otra cosa que una copia similar del discurso completo. Utiliza el menor número posible de notas.

Las notas pueden llegar a ser innecesarias, pero no dejes de considerarlas como un mal necesario; incluso cuando las tengas frente a ti, refiérete a ellas solo cuando te veas obligado a hacerlo. Llena tus notas tanto como quieras durante tu preparación, pero procura por todos los medios condensarlas cuando las vayas a usar en el escenario.

## El discurso improvisado

Seguramente, este es el método ideal de pronunciar un discurso. Es el más popular entre el público y el favorito de los oradores más eficientes.

El discurso improvisado hace referencia al discurso que no ha sido preparado –y es precisamente eso; sin embargo, poco se lo recomendamos ni a los oradores experimentados, ni a los principiantes. Por el contrario, hablar bien sin ayuda de notas requiere de toda la preparación de la cual discutimos tan ampliamente en el capítulo sobre "fluidez"; además, es indispensable confiar en la "inspiración del momento" respecto a algunos de tus pensamientos y a gran parte del lenguaje que utilizarás. Sin embargo, es mejor que recuerdes que la inspiración más efectiva es aquella que hay dentro de ti y que fluye para inspirar también a la audiencia.

Si compartes un mensaje improvisado, tal vez consigas estar mucho más cercano a tu audiencia ya que, en cierto sentido, el público aprecia la tarea que tienes frente a ti y te da su simpatía. Al hacerlo, no tendrás que enfrentar el inconveniente que a veces significa el hecho de tener que parar y buscar entre tus notas, sino que podrás sostener tu mirada en la audiencia. Tú mismo sentirás la respuesta del público al leer en sus rostros los efectos de tus cálidas y espontáneas palabras.

Algunas frases escritas durante la preparación del discurso son susceptibles de sonar muertas y frías cuando las dices ante la audiencia. En cambio, cuando improvisas, al hablar conservas intacto el fuego inicial de tus pensamientos. Otro aspecto a tu favor es que tienes la posibilidad de ampliar un punto u omitir otro, tal como lo requiera la ocasión o el estado de ánimo de la audiencia. No todos los oradores cuentan con la facilidad de emplear este que es el más difícil de todos los métodos de transmitir un discurso, –y mucho menos sin práctica, pero es el método ideal sobre el que todos deben esforzarse por aprender a dominar.

Un peligro con este método es que eres más propenso a salirte del tema. Para evitar este peligro, procura sujetarte lo que más puedas a un plan mental. Practica utilizando un discurso memorizado hasta que obtengas control de él. Únete a un grupo de debate que te dé la oportunidad de hablar, hablar, hablar e improvisar. Tal vez hagas el ridículo una o dos veces, pero ¿es ese un precio demasiado alto por tu éxito?

Notas, como pequeñas ayudas extra, son solo un signo de debilidad. Recuerda que el poder de tu discurso depende en cierta medida de la visión que tu audiencia tenga de ti. Las palabras del General Grant como Presidente eran más poderosas que sus palabras como granjero de Missouri. Si representas un cargo de autoridad, sé esa autoridad. Haz notas en tu cerebro y no en papel.

## Algunas maneras de mezclar las formas de decir el discurso

Grandes oradores han modificado la segunda forma de transmitir un mensaje, en particular los profesores que se ven obligados a hablar sobre una amplia variedad de temas día tras día; a menudo, ellos se apoyan en su memoria, pero mantienen sus manuscritos en forma de apuntes flexibles ante su vista revisando varias páginas a la vez. Se sienten más seguros con hojas sueltas, pero estas los anclan y les dificultan hacer una navegación rápida y libre del tema.

Algunos oradores se complican un poco más manteniendo ante ellos unas notas todavía más completas de su mensaje escrito.

Otros escriben y resaltan algunas partes importantes –la introducción, la conclusión, algún argumento vital, algunas ilustraciones– y se apoyan en su memoria para decir el resto. De este modo pueden hablar con o sin notas.

Hay quienes leen del manuscrito las partes más importantes de su discurso e improvisan el resto.

Por lo tanto, cada una de estas maneras mezcladas de transmitir un mensaje está abierta a muchas variaciones personales. Debes decidir por ti mismo la que sea mejor para ti, para la ocasión, para tu tema y para tu audiencia pues cada una tiene sus pros y sus contras.

Sea cual sea la que elijas, no seas siempre tan cómodo como para preferir el camino fácil: elige la mejor manera, sea lo que sea que te cueste en tiempo y esfuerzo. Ten la seguridad de esto: solo el orador que practica puede esperar sentirse confiado tanto en lo conciso de su argumentación como en su convicción del tema, en lo pulido de su lenguaje, en su estilo, en su capacidad de expresión y en su poder y fuerza para transmitirlo.

## PREGUNTAS Y EJERCICIOS

1. Según tu opinión ¿cuál es la forma que más te conviene para transmitir tu mensaje? ¿Por qué?

2. ¿Qué objeciones encuentras al (a) memorizar el discurso entero; (b) leer todo el discurso; (c) usar notas; (d) hablar a partir de un esquema memorizado o notas; (e) cualquiera de los métodos mezclados?

3. ¿Cuáles son los beneficios de los métodos anteriores?

4. ¿Podrías sugerir alguna combinación de métodos que te haya parecido eficaz?

5. ¿Qué métodos, según tu observación, usan los oradores más exitosos?

6. Selecciona uno de los métodos conjuntos y aplícalo para transmitir tus mensajes.

7. ¿Qué método prefieres? ¿Por qué?

## CAPÍTULO 17

## CAPACIDAD DE RESERVA

"La providencia está siempre al lado de la última gota de reserva".
–Napoleón Bonaparte.

"Las fuerzas más poderosas, de las más profundas calmas se alimentan.
Y con frecuencia descansan, ¡en las cosas más tiernas!
–Barry Cornwall, *The Sea in Calm*

¿Qué pasaría si te sobregiraras en tu cuenta bancaria? La norma dice que el cheque será protestado; pero si tienes buenas relaciones con el banco, tal vez tu cheque sea pago y algún empleado te avise que debes cubrir el sobregiro.

La naturaleza no tiene esa clase de favoritos; por lo tanto, no extiende créditos. Ella es tan implacable como un tanque de gasolina –cuando el combustible se acaba, la máquina se detiene. Así como es una imprudencia que un automovilista parta hacia un largo viaje por la selva sin llevar suficiente gasolina, también es imprudente para un orador correr el riesgo de ir delante de su audiencia sin algo de reserva.

Pero ¿en qué consiste la capacidad de reserva de un orador? En su confianza bien fundada en la comprensión general y particular que él tiene del tema sobre el cual se ha preparado; en su capacidad para mantenerse alerta e ingenioso y, sobre todo, en su habilidad de pensamiento mientras está allí de pie frente al público —esa es, precisamente, la posición que hace del orador el capitán al mando de todas sus fuerzas corporales y mentales.

El primero y último de estos elementos —la preparación adecuada y la autosuficiencia— fue revisado por completo en los capítulos sobre autoconfianza y fluidez; por esa razón, no volveremos a profundizar más sobre ese tema. Además, el próximo capítulo abordará métodos específicos de preparación para hablar en público. Por lo tanto, el tema central de este capítulo es el segundo de los elementos de la capacidad de reserva del orador: el pensamiento.

## El almacén mental

Una mente vacía, al igual que una despensa vacía, puede ser o no un asunto serio, —todo dependerá de los recursos disponibles. Si no hay comida en la alacena, las amas de casa no se ponen a llevar nerviosamente de un lado para otro los platos vacíos, sino que llaman a pedir un servicio a domicilio. Si no tienes ideas, no empieces a ir de un lado para otro renegando al respecto. Lo más conveniente será que te concentres en tratar de adquirir ideas frescas y no pares hasta que hayas investigado sobre todo lo que necesitas saber.

La verdadera solución frente al problema de qué hacer con una cabeza vacía es nunca dejarla vacía. En los pozos artesianos de Dakota el agua fluye hacia la superficie y salta una veintena de pies por encima de la superficie. El secreto de ese flujo exuberante es, por supuesto, la gran cantidad de agua que corre por debajo, —todo lo que hay allí por salir.

¿Qué logras con atiborrar tu mente de información en el último minuto cuando puedes ir llenando tu vida con recursos como para llenar un pozo artesiano? No basta con tener apenas suficientes conocimientos; debes tener más que suficientes y entonces la presión de todo lo que hay en tu mente y en tus sentimientos mantendrá el flujo de tu discurso y te dará la confianza y el equilibrio propios de todo el poder que te dan tus reservas. ¡Estar lejos de casa con tan solo el dinero exacto para regresar a ella hace que tus probabilidades de riesgo sean mucho mayores!

La capacidad de reserva es magnética. No se trata de que des la impresión de estar reservándote alguna información, sino de que el público esté recibiendo lo mejor de tu información, de tus lecturas, de tu experiencia, de tus sentimientos y tus pensamientos. Por lo tanto, para tener capacidad de reserva debes tener más que suficiente material en tu mente y así suministrar el más importante cuando estés en el escenario.

## El ojo que ve

Un sabio dijo: "Entre mil hombres que pueden hablar, solo uno puede pensar; entre mil hombres que pueden pensar, solo hay uno que puede ver". Ver y pensar es como cuando tú mismo eres quien ordeña la leche de tu propia vaca.

Cuando aparece un hombre entre un millón que puede ver, lo llamamos maestro. El viejo Sr. Holbrook, en Cranford, le preguntó a su huésped de qué color son las hojas del fresno en marzo; ella le confesó que no lo sabía, a lo que el viejo caballero respondió: "Yo sabía que usted no sabía... No yo, sino un viejo tonto que habita dentro de mí, hasta que este, el joven, llega y me dice: 'En marzo las hojas del fresno son negras'. Y he vivido toda mi vida en el campo. Más vergüenza debería darme a mí que yo no lo sepa; son negras, negras, señora".

Este "joven" al que hizo referencia el Sr. Holbrook era Tennyson.

Henry Ward Beecher afirmó: "No creo que haya conocido a ningún hombre en la calle, de quien no haya obtenido algún elemento que me sirva para mis sermones. Tampoco he visto nada en la naturaleza que no ejemplifique algo que yo quiera ilustrar. El material para mis sermones me sigue y remolinea a mi alrededor todo el tiempo".

En lugar de decir que solo un hombre entre un millón puede ver, sería más cerca de la verdad decir que ninguno de nosotros ve con un entendimiento perfecto más de una fracción de lo que pasa ante nuestros ojos. Sin embargo, esta aguda y precisa facultad de observación es tan importante que ningún hombre con deseos de liderar debería descuidarla. La próxima vez que vayas en un transporte público mira a quienes se sientan a tu alrededor y trata de descubrir sus hábitos, ocupaciones, ideales, nacionalidades, ambientes, educación, etc. Es posible que no descubras mucho la primera vez, pero la práctica te revelará resultados sorprendentes. Convierte cada incidente diario en un tema para un discurso o una ilustración. Traduce todo lo que ves en términos de discurso. Cuando logres describir todo lo que has visto en palabras definidas, estarás viendo claramente. Te habrás convertido en el millonésimo hombre.

La descripción de De Maupassant con respecto al escritor también debería describir al orador público: "Su vista es como una bomba de succión que absorbe todo; como la mano de un carterista, siempre en su oficio, nada se le escapa; siempre está fijándose en todo lo que ocurre a su alrededor –miradas, gestos, intenciones, todo lo que pasa ante su presencia–, la más mínima mirada, el menor acto, lo más insignificante". De Maupassant era el millonésimo hombre entre el millón, un maestro.

"Ruskin tomó un cristal de roca común y corriente y vio ocultas dentro de ella lecciones que aún no han dejado de influenciar la vida del ser humano. Beecher permaneció durante horas frente a la vitrina de una joyería pensando en posibles analogías entre las joyas y las almas de los hombres. Gough vio en una sola gota de agua suficiente verdad para saciar la sed de cinco mil almas. Thoreau se sentó tan quieto a la sombra de los árboles del bosque que los pájaros y los insectos llegaban hasta allí a mostrarle sus vidas secretas. Emerson observó la esencia del ser humano durante tan largo tiempo que al fin pudo decir: 'No puedo oír lo que dices por ver lo que haces'. Durante tres años, Preyer estudió la vida de su bebé y así se convirtió en una autoridad sobre la mente del niño. ¡Observemos! La mayoría de los hombres es ciega. Hoy hay miles de veces más verdades ocultas y hechos no descubiertos acerca de nosotros mismos que los que han vuelto famosos a quienes los descubrieron –y que están a la espera de que alguien los haga manifiestos. Pero, mientras los hombres sigan su búsqueda con ojos que no ven, así mismo estarán estas perlas ocultas entre sus conchas. Nadie mejor que un orador podría buscar y hallar eficazmente lo que desea en la naturaleza que en las bibliotecas. Muy pocos pueden ver 'sermones entre las piedras' y 'libros en las corrientes de los arroyos' porque están demasiado acostumbrados a ver sermones únicamente en los libros y piedras en los arroyos. Sir Philip Sidney solía decir: 'Mira en tu corazón y escribe'. Massillon explicó su astuto conocimiento del corazón humano afirmando: 'Lo aprendí estudiándome a mí mismo'. Byron afirmaba de John Locke que 'todo su conocimiento del entendimiento humano se derivaba del estudio de su propia mente'. Puesto que la naturaleza multiforme es acerca del ser humano, la originalidad no debería ser una cualidad tan rara".

## La mente pensante

Pensar es hacer aritmética mental con hechos. Añade este hecho a ese otro y llegarás a una cierta conclusión. Resta esta verdad de otra y tendrás un resultado específico. Multiplica este hecho por otro y el producto será preciso. Observa cuántas veces has hecho estas operaciones mentales y has sacado magníficas deducciones. En los procesos de pensamiento se realizan todos los problemas conocidos en la aritmética y el álgebra. Por eso, las matemáticas son una excelente gimnasia mental. Pero, por esa misma razón, pensar es un trabajo que requiere de energía, tiempo, paciencia e información amplia y clara. Más allá de lo superficial, solo muy pocas personas piensan –tal vez, una entre mil, según lo antes citado. Mientras que el sistema actual de educación prevalezca, y los niños aprendan a través del oído y no del ojo, será obvio que recuerden pensamientos de otros en lugar de pensar por sí mismos. Así las cosas, seguirá existiendo la proporción de un hombre entre un millón que sea capaz de ver, y de uno entre mil que pueda pensar por sí mismo.

Pero hasta la mente menos ejercitada es capaz de lograr mejores resultados tan pronto como detecta su propia falta de poder de pensamiento. El primer paso es dejar de pensar en el pensamiento como si fuera "una magia de la mente" –para usar la expresión de Byron– y verlo como en realidad es: un fluir de ideas que se interrelacionan. Reflexiona sobre esta definición y analiza si has aprendido a pensar eficientemente.

El pensamiento habitual es solo eso: un hábito. El hábito viene de realizar determinada actividad repetidas veces. Los hábitos más básicos se adquieren con facilidad; los más sofisticados requieren de mayor práctica. Esto significa que el hábito del pensamiento se forma solo mediante una práctica constante; sin embargo, ningún esfuerzo producirá dividendos más lucrativos. Persiste en esta práctica y cuando hayas sido capaz de adentrarte una pulgada de profundidad en tu pensamiento sobre algún tema, pronto te darás cuenta de que eres capaz de profundizar mucho más.

Tal vez esta familiar metáfora te sugerirá cómo comenzar la práctica de pensamientos consecutivos, –con lo cual queremos decir, conectar una serie de pensamientos separados hasta convertirlos en pensamientos encadenados. Toma un pensamiento a la vez y observa que cada uno corresponda naturalmente con los que lo enlaces.

Recuerda que un eslabón perdido no es una cadena.

El ejercicio de pensar es el más fascinante y estimulante de todos los ejercicios mentales. Una vez te des cuenta de que tu opinión sobre un tema no representa la elección que has hecho entre lo que el Dr. Cerebrum ha escrito y lo que el profesor Cerebellum ha dicho, sino que es el resultado de tu propia energía cerebral intensamente aplicada, ganarás más confianza en tu capacidad de hablar sobre ese tema específico sin sentir ningún temor. Tu pensamiento te habrá dado fuerza y capacidad de reserva.

Alguien condensó la relación del pensamiento con el conocimiento en estas punzantes y familiares líneas:

"No me muestres al hombre que piensa que piensa,

Ni al que piensa que sabe,

Dame al hombre que sabe que piensa,

¡Y tendré al hombre que sabe que él sabe!"

## La lectura como estímulo para el pensamiento

Sin embargo, sin importar cuán seca sea la vaca, ni cuan pobre sea tu capacidad para ordeñar, todavía tienes lechero para rato y puedes leer sobre lo que otros hayan visto, sentido y pensado. A menudo, de hecho, tales escritos encenderán en ti esa chispa esencial y vital, –ese deseo de ser un pensador.

¿Qué debo leer para obtener información?

La amplia página del conocimiento, como dijo Gray, "es un botín que se va enriqueciendo con el paso del tiempo" y muchas veces es nuestro por el precio de una entrada al teatro. Puedes ordenarles a Sócrates y a Marco Aurelio que se sienten a tu lado para escucharles sus mejores discursos; también tienes la opción de escuchar a Lincoln en Gettysburg y a Pericles en Atenas; o puedes asaltar la Bastilla con Hugo y pasear por el Paraíso con Dante; o explorar África con Stanley, penetrar el corazón humano en compañía de Shakespeare, charlar con Carlyle sobre héroes y ahondar con el Apóstol Pablo en los misterios de la fe. El conocimiento general y las ideas inspiradoras que los hombres han recogido a través de años de trabajo y experimentación son tuyos si así lo deseas. El sabio de Chelsea tenía razón: "La verdadera universidad de estos días es una buena colección de libros".

Al dominar un libro que vale la pena estás dominando mucho más que ese libro; sin embargo, pocos de nosotros conquistamos de manera perfecta algún libro sin primero poseerlo. Leer un libro prestado quizá sea una alegría, pero para asignarle a un libro un lugar propio en tus propias estanterías, –ya sean pocas o muchas–, para amarlo y sentir la sensación de su cubierta desgastada en tu mano, para hojearlo lentamente, página por página y marcar con tu lápiz sus márgenes en señal de acuerdo o protesta, para sonreír o emocionarte con sus mordaces recuerdos, ningún libro prestado podría hacerte sentir todo ese deleite.

El lector que posee libros sabe que este es un camino de doble vía pues sus libros también lo poseen a él; y los libros que más ama son, con seguridad, los que más sacrificio le han costado poseer. Y esos títulos que se escogen a la ligera, tal vez por su proximidad –y que terminan desempeñando el papel de guías, filósofos y amigos en momentos cruciales– son bienvenidos en nuestra vida y no meramente en las bibliotecas.

Por lo tanto, sin tener en cuenta en qué forma lo adquirimos y absorbimos, un libro es como un verdadero amigo de la especie humana por el que vale la pena hacer sacrificios, tanto para conseguirlo como para conservarlo; y nuestros afectos son más para aquellos en cuyas vidas hemos entrado más íntima y sinceramente.

Cuando no tengas la ventaja de la prueba del tiempo para juzgar los libros, investiga lo más minuciosamente posible su legitimidad. Muchos de los que se imprimen y circulan son una falsificación. "Lo leí en un libro" es para muchos una garantía suficiente de la verdad, pero no para el pensador. "¿Qué libro?" Pregunta la mente cuidadosa. "¿Quién lo escribió?, ¿Qué sabe sobre el tema y qué derecho tiene de hablar sobre él? ¿Quién lo reconoce como autoridad? ¿Con qué otras autoridades reconocidas está de acuerdo o en desacuerdo el autor?" Ser atrapado tratando de hacer circular dinero falso, incluso involuntariamente, es una situación desagradable. Procura tener cuidado de no circular lecturas falsas.

Sobre todo, busca lecturas que te hagan utilizar tu cerebro. Deben estar llenas de nuevos puntos de vista, de conocimientos especiales y tratar temas de interés vital. No limites tus lecturas a temas en los que ya sabes que estarás de acuerdo. La oposición nos hace sentirnos alertas y permanecer despiertos. Tal vez el mismo camino de siempre sea el mejor, pero nunca lo sabrás a menos que recorras uno nuevo. Acércate a cada tema con una mente abierta y –una vez que estés seguro de que lo has pensado a fondo y con honestidad– ten el coraje de respetar esa forma de pensar. Pero no te jactes de ello después.

Ningún libro sobre este tema del discurso público te ayudará a hablar sobre algún tema si no sabes nada de ese tema. Saber más al respecto que quienes te rodean será tu única esperanza para hacer que ellos te escuchen.

Toma un grupo de hombres discutiendo una política gubernamental de la cual alguien dice: "Es socialista". Esa opinión hará que el Sr. A. simpatice con ella puesto que él cree en el socialismo, pero le desagradará al Sr. B., quien está en su contra. Puede ser que ninguno de los dos hubiera considerado esa política para ir más allá del simple hecho de darse cuenta de que su posición era o no socialista. También habría podido ser que ni el Sr. A. ni el Sr. B. tuvieran una idea clara de lo que en realidad es el socialismo porque, como dice Robert Louis Stevenson: "No solo de pan vive el hombre, sino principalmente de las palabras que recibe". Si tú eres de este grupo de hombres, y has observado esta propuesta de política gubernamental, e investigado y pensado en adoptarla, lo que tienes que decir no debe dejar de causar respeto y aprobación porque tendrás que demostrarles a los demás que posees conocimiento sobre el tema.

## PREGUNTAS Y EJERCICIOS

1. Robert Houdin entrenó a su hijo para que aprendiera a darle un vistazo a la vitrina de una tienda y fuera capaz de informar con precisión la enorme cantidad de su contenido. Intenta esto varias veces en diferentes vitrinas e infórmale a alguien los resultados que obtuviste.

2. ¿Qué efecto tiene tu capacidad de reserva sobre tu audiencia?

3. ¿Cuáles son los mejores métodos para adquirir fuerza de tus reservas?

4. ¿Cuál es el peligro de demasiada lectura?

5. ¿Alguna vez has leído un libro sobre la capacidad de pensar? Si es así, ¿qué impresión tienes de su contenido?

6. Define (a) lógica; (b) filosofía mental (o ciencia mental); (c) sicología; (d) resumen.

# CAPÍTULO 18

## EL TEMA Y SU PREPARACIÓN

> "Trata cada tema según tus capacidades y reflexiona bien sobre qué tantos serán su contenido y extensión.
> Y no descanses hasta estar completamente seguro de saber si estás preparado o no".
> –Byron, *Hints from Horace*

En el capítulo anterior estudiamos sobre la importancia de la capacidad de reserva en la preparación general de un discurso. Pero la preparación consiste en algo más definido que desarrollar el poder del pensamiento, ya sea a través de fuentes originales o prestadas, e implica una actitud adquisitiva de información constante a lo largo de toda la vida. Si quieres convertirte en una persona rebosante de conocimiento, debes adquirirlo y asimilarlo asiduamente porque solo así estarás listo para decir algo que valga la pena oír; sin embargo, no confundas la adquisición de información general con el hecho de dominar conocimientos específicos. Tener y dar información consiste en manejar un hecho o un grupo de hechos –tener conocimiento es tener información organizada– relacionados con otros hechos.

Ahora, lo importante aquí es que tú debes utilizar todas tus facultades para absorber la información que te interesa con el propósito específico de correlacionarla y almacenarla para que la uses en el momento que la necesites durante algún discurso público. Tú debes escuchar desde tu perspectiva de orador, ver con ojos de orador y elegir libros, compañeros, situaciones y sonidos desde el punto de vista de orador. Al mismo tiempo, aprende a estar listo para recibir conocimiento inesperado. Uno de los elementos fascinantes de tu vida como orador público será el crecimiento consciente del poder que te aportan las experiencias diarias ocasionales. Si tus ojos están alertas, estarás descubriendo hechos, ilustraciones e ideas constantemente y sin haber salido en busca de ellos —y todos te servirán en el escenario. Incluso los eventos difíciles de la vida cotidiana te servirán para discursos futuros.

## El tiempo de preparación del discurso

Por lo general, los oradores argumentan que tienen muy poco tiempo para la preparación de su discurso y que su mente está ocupada en otros asuntos. Daniel Webster nunca dejó pasar la oportunidad de reunir material para sus discursos. Cuando era muchacho y trabajaba en un aserradero, él leía sosteniendo un libro en una mano y se ocupaba de alguna tarea mecánica con la otra mano. En su juventud, Patrick Henry vagó solo por campos y bosques durante días reuniendo material e impresiones sin saber que después le servirían en su profesión como orador. El Dr. Russell H. Conwell se dirigió a más auditorios que cualquier otro ser humano sobre la tierra y solía memorizar largos pasajes de Milton mientras preparaba jarabes en medio de los silenciosos bosques de Nueva Inglaterra por la noche. Es obvio que el patrón moderno despediría a sus empleados por falta de atención a sus deberes y, sin duda, estaría justificado; pero la verdad sigue siendo que aquellos que toman el poder y tienen el propósito de usarlo con eficiencia ganarán algún día el lugar en el que ese poder acumulado les sirva para hacer girar grandes ruedas de influencia.

Napoleón dijo que los cuartos de hora deciden los destinos de las naciones. ¡Cuántos cuartos de hora dejamos pasar sin aprovecharlos! Robert Louis Stevenson aprovechó todo su tiempo; cada experiencia él la convirtió en su capital —capital en este caso se define como "el resultado del trabajo almacenado para el futuro". Él trató siempre de poner en un lenguaje adecuado las escenas y acciones que eran evidente ante sus ojos. Emerson dijo: "Mañana será como hoy, la vida se desperdicia mientras nos preparamos para vivir".

¿Por qué esperar una temporada más conveniente para esta amplia preparación general? Los quince minutos que pasamos en el coche podrían convertirse en capital de conversación.

Adquiere una edición barata de discursos modernos y recorta unas pocas páginas cada día con el propósito de leerlas con facilidad durante esos minutos ociosos que surgen aquí y allá; observa cuán pronto te irás familiarizando con los mejores discursos del mundo. Si no deseas dañar tu libro, llévalo contigo a todas partes, —la mayoría de los libros que tienen éxito se imprime ahora en ediciones pequeñas. El derroche diario de gas natural en los campos de Oklahoma es igual a diez mil toneladas de carbón. Solo alrededor del tres por ciento de la energía del carbón que entra en el horno se convierte en luz; el otro noventa y siete por ciento se pierde. Sin embargo, estos desechos no son mayores, ni más lamentables que la tremenda pérdida de tiempo que, si fuera bien aprovechado, aumentaría el poder del orador hasta la n potencia. Los científicos están haciendo que tres espigas de maíz crezcan donde antes creció solo una; los ingenieros expertos en eficiencia están enfocados en eliminar los movimientos y productos inútiles de nuestras fábricas; capta el espíritu de la época y aplica la eficiencia al uso del activo más valioso que posees: el tiempo. ¿Qué haces mentalmente con el tiempo que pasas vistiéndote o afeitándote? Toma un tema y concentra tus energías en él durante una semana mediante la utilización de los momentos libres que, al no tener en qué pensar, desperdiciarías. Te sorprenderás del resultado.

Un pasaje al día del Libro de los Libros, un lingote de oro de alguna mente maestra, un pensamiento adquirido por tu propia voluntad, le añaden al tesoro de tu vida. No pierdas tu tiempo en formas que no te beneficien en nada. Llena "el minuto entero" con "sesenta segundos" de conocimiento que valga la pena y en tu carrera en el escenario serás un gran ganador.

Sin embargo, ninguna de estas propuestas parece desacreditar el valor de la recreación. Nada es más vital para un trabajador que descansar, pero nada es tan enviciante como el ocio. Asegúrate de que tu recreación te divierta. Una pausa en medio de tus ocupaciones te ayudará a reunir más fuerza para continuar trabajando. El error es hacer una pausa demasiado larga o llenar tus pausas con ideas que no te lleven a ninguna parte.

## Eligiendo el tema

La elección del tema y los materiales influyen entre sí en gran manera.

"Esto surge del hecho de que existen dos maneras de elegir un tema: por elección arbitraria o por el desarrollo del pensamiento y la lectura.

"La elección arbitraria de un tema entre muchos implica tantas consideraciones importantes que ningún orador deja de expresar en tono satisfactorio y triunfal: "¡Ya tengo el tema!"

"¡Denos el tema!" Con mucha frecuencia el maestro de escuela cansado recibe ese grito de parte de sus estudiantes y entonces les sugiere una lista de temas que les da a conocer y pone en consideración —y en la mayoría de los casos es rechazada porque el maestro tal vez sabe, pero de manera inexacta, lo que está en la mente de sus estudiantes. Es como tratar de descubrir la dirección en la que vive un niño perdido nombrándole varias calles hasta que por fin alguna le suene familiar.

"La elección mediante el desarrollo de pensamiento es un proceso muy diferente porque no pregunta: "¿Qué digo?", sino que la mente en sí misma se pregunta: "¿Qué pienso?" Por lo tanto, puede decirse que el tema se elige a sí mismo porque en el proceso del pensamiento o de la lectura surge un tema y se convierte en un germen vivo, listo para crecer y convertirse en un discurso. Quién no ha aprendido a reflexionar no está realmente familiarizado con sus propios pensamientos y, por lo consiguiente, sus pensamientos no son productivos. Los hábitos de lectura y reflexión le suministrarán a la mente del orador una abundancia de temas de los cuales él ya conoce basado en la misma lectura y reflexión que dio origen a su tema. Y esta no es una paradoja, sino una sobria verdad.

"Debe ser ya aparente que la elección de un tema por desarrollo del pensamiento es más una cuestión de colección que de selección consciente. El tema "entra en la mente..." y concentra en el intelecto del pensador entrenado —mediante un proceso llamado inducción— los hechos y verdades sobre los que él ha estado leyendo y pensando. Este es casi siempre un proceso gradual. Las ideas tal vez son dispersas y vagamente conectadas desde el principio, pero cada vez se concentran más y van tomando forma hasta que al fin una idea principal parece atrapar la atención del orador con fuerza irresistible y gritar en voz alta: "¡Levántate, soy tu tema! Y hasta que no me transmutes por la alquimia de tu fuego interior en lenguaje vital, no tendrás descanso". Entonces, ese orador es feliz porque al fin ha encontrado un tema que lo emociona.

"Por supuesto, los oradores experimentados usan ambos métodos de selección. Hasta un hombre que lee y reflexiona a veces se ve obligado a buscar un tema que vaya desde Dan hasta Beersheva y entonces la tarea de reunir materiales se le convierte en algo serio. Pero aun en esos casos la selección del tema ocurre por desarrollo ya que ningún orador experimentado se centra sobre un tema que no haya madurado lo suficiente".

## Decidiendo sobre el tema

Incluso cuando el tema general ha sido elegido por alguien más, te queda un campo considerable para enfocarlo. De hecho, las mismas consideraciones que te guiarían en la elección de un tema también deben guiarte en la selección del material. Formúlate a ti mismo –o a otra persona– preguntas como estas:

¿Cuál es la naturaleza de la ocasión? ¿Qué tan grande es la audiencia? ¿En qué campos de la vida se mueven? ¿Cuál podría ser su actitud hacia el tema? ¿Quién más hablará? ¿Hablo primero, de último o en qué parte del programa? ¿De qué van a hablar los otros oradores? ¿Cuál es la naturaleza del auditorio? ¿Hay un escritorio en el escenario? ¿Podría manejar el tema más eficazmente si modifico algo de lo que he preparado? ¿Cuánto tiempo tengo para hablar frente al público?

Es evidente que muchas equivocaciones respecto a la selección de los temas para los discursos, a la escogencia de los oradores, al desconocimiento de la ocasión y del lugar se deben a no hacer las preguntas pertinentes. Lo que debe decirse, quién debe decirlo y en qué circunstancias constituyen el noventa por ciento de la eficiencia del discurso público. No importa quién te pregunte, niégate a ser una puntilla cuadrada tratando de entrar en un agujero redondo.

## La proporción del discurso

La proporción de un discurso se alcanza mediante el ajuste adecuado del tiempo. No siempre eres tú quien determinarás con qué profundidad vas a tratar el tema ya que depende del tiempo que te asignen. Diez minutos no significan ni nueve, ni once –aunque siempre es mejor usar nueve que once, en todo caso. No le robarías el reloj a nadie; de igual manera, no le robes el tiempo al orador siguiente, ni a tu audiencia. No tendrás necesidad de tratar de superar los límites de tiempo si haces una preparación adecuada y divides tu tema a fin de darle a cada pensamiento la debida atención –y no más de la necesaria. Bienaventurado el hombre que hace discursos breves porque será invitado a hablar nuevamente.

Otra cuestión de primordial importancia es determinar qué parte de tu mensaje exige el mayor énfasis. Una vez lo hayas decidido, sabrás dónde colocar esa sección fundamental para darle el mayor valor estratégico y el grado de preparación que merece ya que es la parte vital del discurso. No te sumerjas en aspectos no esenciales. Muchos oradores se aceleran al darse cuenta que ya quemaron ocho minutos de un discurso de diez. Eso es como gastar el ochenta por ciento del presupuesto de una construcción en el vestíbulo de la casa.

El mismo sentido de la proporción debe decirte que te detengas justo cuando hayas terminado –y es de esperar que tú mismo te des cuenta, antes que tu audiencia, que has llegado al fin del discurso.

## Consultando fuentes originales

La manera más segura de darle vida al material de tu discurso es reuniendo información de primera mano. Tus palabras tienen autoridad cuando puedes decir con certeza: "He examinado los índices de empleo en esta ciudad y veo que el treinta y dos por ciento de niños empleados son menores de la edad legal". Ninguna afirmación será más cierta que esa. Adopta el papel de reportero y averigua los hechos subyacentes a tu argumento o apelación. Hacerlo resultará laborioso, pero no debe ser molesto porque el gran mundo de los hechos causa interés y, sobre todo, genera en ti el sentido de poder que proviene de una investigación basada en fuentes de primera mano. Ver y sentir los hechos que estás discutiendo tendrá sobre ti un efecto mucho más poderoso que si tuvieras que aseverar hechos de segunda mano.

Vive una vida activa entre personas que estén haciendo cosas valiosas y guarda tus ojos y tus oídos al tiempo que mantienes tu mente y tu corazón abiertos para absorber la verdad; luego, cuenta aquello que sabes porque en realidad lo sabes. El mundo te escuchará porque no ama nada tanto como saber la verdad en el contexto de la vida real.

## Cómo usar una biblioteca

Los tesoros más insospechados se encuentran en la biblioteca más pequeña. Incluso cuando el dueño ha leído cada página de sus libros, son raros los casos en que él ha indexado todos los temas contenidos en ellos, ya sea en su mente o en papel, para poner a disposición del público el gran número de temas variados abordados o tratados en volúmenes cuyos títulos nunca sugerirían tales temas.

Por esta razón, es bueno tomar una hora específica para hacer esa labor. Revisa un volumen tras otro y examina su tabla de contenido y su índice. (Es un reproche a cualquier autor de un libro serio no haber proporcionado un índice completo con referencias cruzadas). Luego, échales un vistazo a las páginas y ve haciendo anotaciones mentales o físicas del material que parezca interesante y utilizable. La mayoría de las bibliotecas contiene volúmenes que el propietario "va a leer algún día". Tener familiaridad incluso con el contenido de tales libros te permitirá referirte a ellos cuando requieras ayuda. Los escritos leídos hace mucho tiempo también deben recibir el mismo trato ya que en cada capítulo encontrarás una sorpresa que, de seguro, te deleitará.

Durante la búsqueda de algún tema, no te desanimes si no lo encuentras indexado o esbozado en la tabla de contenidos –es bastante seguro que descubrirás algún material bajo un título relacionado.

Supongamos que te dedicas a trabajar un poco para reunir de esta manera referencias sobre el tema "pensar", por ejemplo. Primero, buscas los títulos de tus libros y encuentras *Pensando y aprendiendo a pensar*, escrito por Schaeffer. Cerca de él, está *Conversaciones con los estudiantes sobre el arte de estudiar*, de Kramer –que parecen proveer algún material sobre tu tema y, ciertamente, algo de ello contienen.

Luego, recuerdas tu libro de sicología y allí también encuentras ayuda. Si tienes un volumen sobre el intelecto humano, ya te habrás dirigido a él. De repente recuerdas tu enciclopedia y tu diccionario de citas –y ahora mucha clase de material con ese tema llueve sobre ti. El problema es qué no sabes cuál usar. En la enciclopedia, recurres a cada referencia que incluye o toca el tema de "pensar"; y en el diccionario de citas haces lo mismo. Este último volumen te resulta bastante útil porque te sugiere varios volúmenes que también están en tu biblioteca personal –y nunca habrías pensado buscar en ellos referencias sobre este tema. Incluso la ficción te proporcionará ayuda, pero especialmente libros de ensayos y biografías. Sé consciente de tus propios recursos.

Hacer un índice general de tu biblioteca elimina la necesidad de indexar volúmenes individuales que no están ya indexados.

Para empezar, mantén siempre una libreta al alcance de tu mano –tarjetas pequeñas y recortes de papel en tu bolsillo y en tu escritorio también te servirán. La misma libreta en la que registras las impresiones de tus experiencias propias y de tus pensamientos se enriquecerá con las ideas y experiencias de los demás.

Ciertamente, este hábito de la libreta de notas significa trabajo, pero recuerda que más discursos han sido arruinados por su preparación mediocre que por falta de talento del orador. La pereza es hermana del exceso de confianza y ambos son tus viejos enemigos aunque pretendan ser amigos tranquilizadores.

Si conservas tus revistas, indexa los artículos importantes por mes y año. Un volumen entero sobre un tema puede ser indicado de manera imaginaria como el libro de "Forbes". Si coleccionas artículos, es mejor indexarlos de acuerdo a un sistema de sobres.

Otro buen sistema de indexación es combinar el índice de la biblioteca con el sistema de colección de recortes, haciendo que el exterior del sobre tenga el mismo propósito que la tarjeta para la indexación de libros, revistas, recortes y manuscritos, teniendo en cuenta las dos últimas clases de material guardados en los sobres que los indexan, y todos archivados alfabéticamente.

## Esquema del discurso

Nadie puede aconsejarte cómo preparar las notas para tu discurso. Algunos oradores obtienen los mejores resultados mientras caminan y van pensando y tomando notas mientras se detienen en su caminata. Otros nunca ponen nada en el papel hasta que hayan pensado todo el discurso. La gran mayoría, sin embargo, tomará notas, las clasificará, escribirá un primer borrador como primero se le venga a la cabeza y luego revisará el discurso. Prueba cada uno de estos métodos y elije el que sea mejor para ti. No permitas que nadie te obligue a trabajar según su estilo, pero no dejes de observar a los demás porque siempre hay métodos mejores que el de uno.

Para aquellos que toman notas y con su ayuda escriben sus discursos, estas sugerencias les resultarán útiles:

Después de haber leído y pensado lo suficiente, clasifica tus notas estableciendo las grandes ideas centrales de tu material en tarjetas o papeles separados. Estos estarán relacionados con tu tema de la misma forma que los capítulos de un libro.

Luego, organiza estas ideas o puntos principales de tal forma que te conduzcan eficazmente al resultado que tienes en mente para que el discurso contenga buenos argumentos, trate aspectos de interés, sea poderoso y vayas apilando un hecho sobre otro hasta llegar al clímax –el punto más alto de influencia sobre tu audiencia.

Después, agrupa todas tus ideas, hechos, anécdotas e ilustraciones bajo los puntos principales precedentes, cada uno donde pertenece, naturalmente.

Ahora, ya tienes un bosquejo o esquema de tu discurso que, en su forma pulida, te servirá como nota breve o manuscrito que te guíe en el momento de transmitir tu discurso. Este te ayudará a ampliar el mensaje en forma escrita, si es que debes escribirlo.

## Redacción y revisión

Después de que hayas perfeccionado el esquema, llega el momento de escribir el discurso, si es que necesitas escribirlo. Entonces, hagas lo que hagas, escríbelo con toda tu pasión y fuerza, sin pensar en otra cosa que en la expresión contundente y atractiva de tus ideas.

La etapa final es el desmembramiento, la re-visión del discurso –el volverlo a ver, como la palabra implica–; es aquí cuando debes examinar todas las partes del discurso imparcialmente para asegurarte de imprimirle claridad, precisión, fuerza, eficacia, idoneidad, proporción y el clímax adecuado; Y en todo este proceso, imagínate ante tu audiencia. Recuerda que un discurso no es un ensayo y lo que convencerá y despertará a uno de tus oyentes no prevalecerá en otros.

## El título

A menudo, el último de todos los detalles del discurso es el que debería ser el primero: el título, el nombre mediante el cual darás a conocer tu discurso. A veces, será, simplemente, el tema del discurso, como "El nuevo americanismo", de Henry Watterson; también puedes usar un poco de simbolismo tipificando el espíritu del discurso, como "Acres de diamantes", de Russell H. Conwell; o una frase sofisticada tomada de alguna parte del discurso mismo, como "Aprovecha la prosperidad a tu alrededor", por Albert J. Beveridge. En general, cualquiera que sea el motivo que elijas, procura que el título sea fresco, corto, adecuado al tema y susceptible de suscitar interés.

## PREGUNTAS Y EJERCICIOS

1. Define (a) introducción; (b) clímax; (c) discurso.

2. Si un discurso de treinta minutos requiere un promedio de tres horas de preparación, ¿esperarías poder lograr un discurso de calidad en una tercera parte de ese tiempo de preparación? Explica tus razones.

3. Comparte los resultados que has obtenido si has pasado por la experiencia personal de dedicarle tiempo a la práctica de leer y pensar.

4. A la manera de un reportero o investigador, busca y obtén información de primera mano sobre algún tema de interés para el público. Organiza los resultados de tu investigación en forma de un breve esquema.

5. Construye el esquema de un discurso y examina con cuidado el interés que despertaría, si es convincente, si guarda proporción con el tiempo que te asignaron y si el clímax es poderoso y dinámico.

6. Si es posible, transmítelo frente a una audiencia.

7. Escribe un informe de trescientas palabras sobre los resultados que obtuviste del ejercicio anterior.

8. Analiza qué beneficios obtuviste al usar un índex periódico (o acumulativo).

9. Procura escribir y memorizar algunas citas adecuadas para usarlas en tus discursos.

## CAPÍTULO 19

## EL USO DE LA EXPOSICIÓN EN EL DISCURSO PÚBLICO

"No hables en absoluto, hasta que tengas algo que valga la pena decir; tampoco te preocupes por la recompensa que hayas de recibir a causa de lo que digas. Enfócate, únicamente, en la verdad de tus palabras".
–Thomas Carlyle, *Essay on Biography*

Para hablar a fondo sobre la estructura retórica del discurso público se requiere un tratado más completo que el que podríamos incluir en esta obra. Sin embargo, en este capítulo –y en los sucesivos sobre la descripción, la narración, el argumento y la sugerencia– tratamos algunos principios referentes al tema para brindarles un conocimiento práctico y adecuado a quienes estén interesados en perfeccionarse en el arte de la retórica.

### La naturaleza de la exposición

En la palabra "exponer" –poner al descubierto, descubrir, mostrar la verdadera interioridad o esencia de algo– percibimos la idea básica del concepto de "exposición". Es la definición clara y precisa de cuál realmente es el tema –es la explicación de este.

La exposición no consiste en dibujar una imagen escrita ni verbal porque eso sería hacer una descripción. Explicar en términos exactos qué es el automóvil, nombrar sus partes principales y su funcionamiento sería hacer una exposición; así sería también una explicación acerca, por ejemplo, de la naturaleza del miedo. Pero crear una imagen mental de un automóvil en particular, con su chasis reluciente, sus líneas elegantes y su gran velocidad es hacer una descripción; también es una descripción hacer una representación dramatizada del miedo sobre las emociones de un niño en la noche. La exposición y la descripción a menudo se entremezclan y se superponen, pero son distintas en su esencia. Abordaremos sus diferencias en el siguiente capítulo.

Además, la exposición no incluye un relato de cómo ocurrieron los acontecimientos –eso es narración. Cuando Peary dio conferencias sobre sus descubrimientos polares, él explicó los instrumentos utilizados para determinar la latitud y la longitud –y esa fue una exposición. Al describir su equipo, utilizó la descripción. Al contar sus aventuras día tras día, empleó la narración. Al apoyar algunas de sus afirmaciones, usó argumentos. Sin embargo, mezcló todos estos métodos a lo largo de sus conferencias.

La exposición tampoco es cuestión de dar razones y hacer inferencias, –estas hacen parte del campo de la discusión. Una serie de declaraciones interconectadas que estén destinadas a convencer a un posible comprador de que un automóvil es mejor que otro, o un conjunto de pruebas de que el uso del miedo es un método incorrecto de impartir disciplina, no serían una exposición. Los hechos sencillos expuestos en el discurso expositivo o en la escritura son casi siempre la base del argumento, pero los procesos no lo son. Es cierto que la afirmación de un solo hecho significativo sin la adición de más razones puede ser convincente, pero un pensamiento momentáneo mostrará que la inferencia, que es toda una cadena de razonamiento, se hace en la mente del oyente y presupone poner en consideración otros hechos.

De la misma manera, es obvio que el campo de la persuasión no está abierto a la exposición puesto que esta es un proceso intelectual por excelencia, que no tiene en cuenta ningún elemento emocional.

## La importancia de la exposición

La importancia de la exposición en el discurso público se centra en el hecho de presentar el tema de una manera tan clara que no haya espacio para malentendidos.

Dominar el proceso de la exposición es convertirse en un pensador claro. Sin embargo, algunos conceptos amplios dificultan brindar definiciones explícitas; pero ninguna mente debe refugiarse detrás de tales excepciones pues donde falla la definición, otras formas tienen éxito. A veces nos sentimos seguros de que tenemos perfecto dominio de una idea, pero cuando llega el momento de expresarla, esa supuesta claridad se convierte en neblina. La exposición es, entonces, la mejor prueba de la comprensión exacta de cualquier tema y, para hablar con eficacia sobre él, debes ser capaz de verlo de manera clara y comprensiva y hacer que tu audiencia lo vea de esa misma forma.

Hay trampas en ambos lados de este camino. Por un lado, explicar muy poco, dejará a tu audiencia en duda en cuanto a lo que quieres decir. Es inútil discutir sobre una pregunta si no es perfectamente claro lo que ella significa. ¿Nunca has llegado a un punto ciego en alguna conversación porque tú estabas hablando de un aspecto de cierto tema mientras tu interlocutor estaba pensando en otro? Si dos no están seguros de estar hablando acerca de una misma pieza musical, es inútil entablar una discusión acerca de su compositor.

Al otro lado se encuentra el abismo de explicar innecesariamente demasiado. Hacerlo llega hasta el punto de ser ofensivo porque les das la impresión a tus oyentes de que, o no respetas su inteligencia, o estás tratando de soplar una brisa en un tornado. Evalúa con cautela el conocimiento de tu audiencia, tanto en lo general como en el punto en particular que estás explicando. Al tratar de simplificar es fatal caer en el extremo de dar la impresión de que consideras tontos a quienes te escuchan. Explicar más de lo necesario respecto a los propósitos de tu argumento o apelación es desperdiciar energía en ello. En tus esfuerzos por ser explícito, no caigas en el error de llevar tu exposición hasta el extremo de la monotonía –los extremos no están tan lejos como creemos y podrías caer en ellos antes de que te des cuenta.

## Algunos propósitos de la exposición

De todo lo que hemos dicho debe ser claro; sobre todo, el hecho de que la exposición establece una conexión de entendimiento entre tu audiencia y tú. Además, establece una base sobre la cual construir afirmaciones, argumentos y apelaciones posteriores. En los discursos científicos y puramente "informativos" la exposición puede existir por sí misma y para sí misma, como en una conferencia sobre biología o sobre sicología; pero, en la gran mayoría de los casos, se utiliza para acompañar y preparar el camino para otras formas de discurso.

Características como claridad, precisión, exactitud, unidad, verdad y necesidad suelen ser los estándares sobre los cuales debes poner a prueba la eficacia de tus exposiciones y, de hecho, también cada una de tus afirmaciones explicativas. Este principio debe permanecer escrito en tu mente en letras muy claras.

## Métodos de exposición

Es probable que las diversas maneras a través de las cuales un orador procede durante una exposición se intercalen de vez en cuando –e incluso cuando no solo se encuentran, sino que se superponen, van de manera casi paralela, al punto que su forma a veces son distintas más en la teoría que en la práctica.

La definición es el método expositivo básico; es la afirmación de límites precisos. Obviamente, aquí es necesario tener el mayor cuidado de que los términos de la definición no deben por sí mismos exigir demasiada definición; el lenguaje tiene que ser conciso y claro y no debe excluir ni incluir demasiada información. El siguiente es un ejemplo sencillo de definición:

"Exponer es definir la naturaleza, el significado y las características de una idea o de un grupo de ideas".

–Arlo Bates, *Talks on Writing English*

**El contraste y la antítesis** se utilizan con frecuencia para amplificar la definición, como en esta oración que sigue después de la definición anterior:

"Por lo tanto, la exposición difiere de la descripción en que la primera está relacionada directamente con el significado o la intención del tema y no en su aspecto".

La antítesis es una expansión de la definición y, como tal, puede extenderse aún más. De hecho, esta es una práctica frecuente en el discurso público, donde las mentes de los oyentes a menudo piden reiteración e información constante y ampliada que les ayude a comprender un tema desde sus aspectos varios. Este es el eje central de la exposición –ampliar y aclarar todos los puntos de vista mediante los cuales se define un tema.

**El ejemplo** es otra forma de ampliar una definición o de exponer una idea de manera más completa. Las siguientes frases van después de la definición y el contraste que acabamos de citar:

"Mucho de lo que estamos acostumbrados a llamar descripción es en realidad exposición. Supongamos que tu niño pequeño desea saber cómo funciona un motor y te dice: "Por favor, descríbeme qué es un motor de vapor". Si tú insistes en tomar sus palabras literalmente –y estás dispuesto a correr el riesgo de causarle indignación al malinterpretarlo de manera intencional –harás todo lo que esté a tu alcance para que él tenga la imagen de esta maravillosa máquina. Si le explicas, no estás describiendo, sino exponiendo".

La cualidad principal del ejemplo es que deja claro lo desconocido al transmitirle a la mente del oyente algo conocido. La disposición de la mente para hacer comparaciones claras y aptas en beneficio de obtener claridad es uno de los principales recursos del orador cuando está en el escenario –es el más grande de todos los regalos del arte de la enseñanza. Es un regalo que sirve para clarificar.

**La analogía** busca hacer énfasis en las similitudes entre objetos no similares y es uno de los métodos más útiles de la exposición. Por ejemplo: el hambre es a la comida como la sed es a la bebida.

**Descartar** es la forma menos común de explicación dentro de un discurso público. Consiste en eliminar ideas asociadas con la idea principal para que la atención se centre solo en el tema en cuestión. En realidad, es una práctica relacionada con eliminar un factor negativo dentro de la exposición con el propósito de evitar que algún asunto relacionado con el tema distraiga o cause preguntas innecesarias que impidan el desarrollo del tema principal. He aquí un ejemplo de este método:

"No puedo dejarme llevar por las preguntas de este jurado. No es pertinente que me enfoque en considerar que este prisionero es esposo de una mujer que se encuentra quebrantada de corazón, ni en que sus hijos irán por el mundo bajo la sombra de la pena máxima impuesta sobre su padre. Debo hacer a un lado al padre y a la madre y dejar que el cielo tenga piedad de todos ellos, y enfocarme en ejercer mi labor".

**La clasificación** relaciona el tema con su contexto y es útil en el discurso público para enfocar el asunto en un aspecto específico. También sirve para mostrar una cosa en su relación o correlación con otras cosas. La clasificación es muy similar a la definición y a la división. Ejemplo:

"Este asunto del tráfico de licores, señores, ocupa su lugar junto a los graves problemas morales de todos los tiempos. Sea cual sea su significado económico –y quién esté allí para cuestionarlo–, sea cual sea su importancia vital en nuestro sistema político –¿y hay alguien que lo niegue?– el licor debe ser legalizado rápidamente y de la misma forma en que el mundo ha ido avanzando y resuelto desde el punto de vista constitucional el tráfico de opio, del siervo y del esclavo, no como cuestiones de conveniencia económica y política, sino teniendo en cuenta el valor del bien y del mal".

**El análisis** divide el tema en sus partes esenciales y por varias razones. Por ejemplo, el análisis puede seguir el orden del tiempo (épocas geológicas), el orden de lugar (hechos geográficos), el orden lógico (un esquema de sermón), el orden creciente de interés o precedente a un clímax (una conferencia sobre poetas del siglo XX); y así. Un ejemplo clásico de exposición analítica es el siguiente:

"En la filosofía, las contemplaciones del hombre, o bien se centran en Dios; o son limitadas a la naturaleza; o son reflejadas o revertidas sobre sí mismas. De ellas surgen varias fuentes: la filosofía divina, la filosofía natural, la filosofía humana o Humanismo. Todas las cosas están marcadas y estampadas con este triple carácter del poder de Dios, de la naturaleza y del entendimiento del hombre".

–Lord Bacon, *The Advancement of Learning*

**La división** difiere del análisis en que el análisis va acorde a las divisiones esenciales del tema, como se ilustra en el pasaje anterior; en cambio, la división separa arbitrariamente el tema por conveniencia, según sea el manejo que quiera darle el orador, como en el siguiente ejemplo en el que la división no parece muy lógica que digamos:

"Pareciera posible analizar la Historia desde tres perspectivas; no sé qué tan inadecuado resultaría compararla, por ejemplo, con tres clases de cuadros o imágenes –algunos, inacabados; otros, perfectos; y otros, apenas pintarrajeados. Casi lo mismo se puede decir de la Historia: existen memoriales, historias perfectas y antigüedades. Los monumentos son Historia inacabada o los primeros borradores de la Historia; las antigüedades son la Historia desfigurada o algunos restos de Historia que, por casualidad, han escapado del naufragio del tiempo".

–Lord Bacon, *The Advancement of Learning*

**La generalización** establece un principio amplio o una verdad general que se deriva del hecho de examinar una cantidad considerable de hechos individuales. Esta exposición sintética no es igual a la generalización argumentativa que apoya una afirmación general citando instancias que la prueben. Observa cómo Holmes comienza con un hecho y, añadiendo otro y otro, alcanza un todo completo. Este es uno de los dispositivos más efectivos en el repertorio del orador público:

"Tome un cilindro vacío, con el fondo cerrado mientras la parte superior permanece abierta, y viértale agua a la altura de unas pocas pulgadas. A continuación, cubra el agua con una placa plana o un pistón que se ajuste a la perfección al interior del cilindro;

luego, aplíquele calor al agua; acto seguido, seremos testigos de los siguientes fenómenos: transcurridos algunos minutos, el agua comenzará a hervir y el vapor que se acumula en la superficie superior hará espacio para sí mismo elevando ligeramente el pistón. A medida que la ebullición continúe, se formará más y más vapor, y elevará el pistón más y más alto hasta que toda el agua hierva y nada más que vapor quedará en el cilindro. Este artefacto compuesto de cilindro, pistón, agua y fuego es la máquina de vapor en su forma más elemental. Un motor de vapor se puede definir como un aparato para hacer trabajo por medio de calor aplicado al agua; y puesto que elevar un peso tal como el pistón es una forma de hacer trabajo, este aparato, tan rudimentario e inadecuado como pueda ser, responde con precisión a esta definición".

**La referencia con base en la experiencia** es uno de los principios más vitales en la exposición, así como en cualquier otra forma de discurso.

La referencia con base en la experiencia, como aquí se utiliza, significa hacer referencia a lo conocido –es decir, lo que el oyente ha visto, oído, leído, sentido, creído o hecho, y que todavía existe en su conciencia. Son todos esos pensamientos, sentimientos y acontecimientos que son reales para él. Por lo tanto, la referencia según la experiencia significa entrar en la vida del oyente. Veamos un ejemplo:

"Los vastos resultados de la ciencia no son obtenidos por facultades místicas, ni por procesos mentales distintos a aquellos que ponemos en práctica a diario y en los asuntos más humildes o mezquinos de la vida. Un detective descubre a un ladrón por las marcas dejadas por sus zapatos, por un proceso mental idéntico al que Cuvier restauró los animales extintos de Montmartre según los fragmentos de sus huesos. Y ese proceso de inducción y deducción mediante el cual una persona, al encontrar una mancha de tinta en su ropa, concluye que alguien le dañó su tintero, tampoco difiere de alguna manera con la forma en que Adams y Leverrier descubrieron un nuevo planeta. De hecho, el hombre de ciencia, simplemente, utiliza con escrupulosa exactitud los métodos que todos nosotros usamos habitual y descuidadamente, y a cada momento".

–Thomas Henry Huxley, *Lay Sermons*

Por último, al preparar el material expositivo, hazte estas preguntas con respecto a tu tema:

¿Qué es y qué no es?

- ¿De qué se trata y de qué no se trata?
- ¿Cuáles son sus causas y efectos?
- ¿Cómo lo dividirías?
- ¿Con qué otros temas se correlaciona?
- ¿Qué experiencias te recuerda?
- ¿Qué ejemplos lo ilustrarían?

## PREGUNTAS Y EJERCICIOS

1. ¿Cuál sería el efecto de aplicar alguno de los métodos de exposición en uno de tus discursos públicos?

2. ¿Alguna vez has oído algún mensaje que haya utilizado ese método? Explicar.

3. Elabora una lista de diez temas que podrían ser tratados en gran parte, si no enteramente, mediante una exposición.

4. Da dos ejemplos para ilustrar "definición".

5. Escribe dos analogías sobre el mismo tema.

6. Haz un discurso de diez minutos sobre cualquiera de los siguientes temas usando todos los métodos de exposición ya nombrados: (a) sueldos y salarios; (b) guerra y paz; (c) el hogar y la pensión; (d) lucha y victoria; (e) ignorancia y ambición.

7. Explica qué se entiende por descartar tópicos colaterales y subordinados a un tema.

8. Define correlación.

9. Escribe un ejemplo de "clasificación" en cualquier asunto político, social, económico o moral de la época.

## CAPÍTULO 20

## EL USO DE LA DESCRIPCIÓN EN EL DISCURSO PÚBLICO

"En el momento en que nuestro discurso comienza a llenarse de detalles más allá de los necesarios, y se inflama con pasión o pensamientos exaltados, se llena de imágenes. Alguien que conversa seriamente, si observa sus procesos intelectuales, encontrará que siempre surge en su mente una imagen vívida más o menos luminosa, junto con todo pensamiento, dándole forma a ese pensamiento... Esta imagen es espontánea. Es la mezcla de la experiencia con la acción presente de la mente. Es la creación adecuada".
–Ralph Waldo Emerson, *Nature*

Al igual que otros recursos valiosos del discurso público, la descripción pierde su poder cuando se lleva al extremo. El exceso de adornos vuelve ridículo el tema. Un paño para limpiar el polvo es muy útil, pero ¿por qué bordarlo? Cada orador debe decidir antes de comenzar a hablar en público qué tanto va a utilizar o no la descripción puesto que la primera tendencia literaria del ser humano es describir.

## La naturaleza de la descripción

Describir es poner una imagen en la mente del oyente. Al hablar en forma de descripción, estamos tratando de retratar, delinear, colorear y utilizar todos los elementos que usa el pintor al hacer sus cuadros. Describir es visualizar. Por lo tanto, debemos mirar la descripción como un proceso pictórico, ya sea que el escritor esté refiriéndose a cuestiones materiales o espirituales.

Si te pidieran que describieras un arma de fuego, podrías hacerlo de dos maneras: dando una descripción técnica y calculada de su mecanismo, en su conjunto y en detalle; o describirla como un terrible generador de muerte y enfocándote más en sus efectos que en su estructura física.

El primero de estos procesos es la exposición, el último es la descripción verdadera. La exposición se ocupa más de lo general, mientras que la descripción debe tratar con lo particular. La exposición esclarece las ideas; la descripción trata de cosas. La exposición trata con lo abstracto; la descripción, con lo concreto. La exposición se ocupa de lo interno; la descripción se basa en lo externo. La exposición es enumerativa; la descripción es literaria. La exposición es intelectual; la descripción es sensorial. La exposición es impersonal; la descripción es personal.

Si la descripción es un proceso de visualización para el oyente, debe serlo primero para el orador –él no podría describir lo que nunca ha visto, ni físicamente ni en su imaginación. Es esta cualidad personal, esta cuestión del punto de vista individual, la que percibe aspectos de los que hablaremos más adelante; es la que hace que la descripción sea tan interesante al interior del discurso público. Según sea la personalidad del orador, y nos interese su punto de vista, así mismo, su visión se suma al interés natural de la escena e, incluso, puede ser la única fuente de ese interés para sus audiencias.

En este capítulo nos enfocaremos en la mente descriptiva: la mente que forma el doble hábito de ver las cosas con claridad –porque vemos más con la mente que con el ojo físico– y luego volver a imaginarlas con el propósito de ponerlas ante los ojos de los oyentes. Ningún hábito es más útil que el de visualizar claramente el tema, la escena, la situación, la acción o la persona que estás por describir. A menos que el proceso inicial se lleve a cabo con claridad, la imagen será borrosa para el espectador.

En esta obra nos ocupamos del análisis retórico de la descripción y de sus métodos, pero en la medida en que sea necesario para los fines prácticos del orador. Por lo tanto, la siguiente lista no es considerada completa, ni será necesario añadir más de una palabra de explicación:

**Descripción para oradores públicos**

Objetos quietos

Objetos en movimiento

Escenas quietas

Escenas en acción

Situaciones previas a un cambio

Situaciones durante un cambio

Situaciones después de un cambio

Acciones mentales

Acciones físicas

Interior de una persona

Exterior de una persona

Algunos de los procesos anteriores se superponen en ciertos casos y todos tienen más probabilidades de ocurrir combinada que individualmente.

Cuando la descripción está destinada nada más a dar información precisa –como, por ejemplo, delinear la apariencia y no la construcción técnica de la última aeronave Zeppelin– se le denomina "descripción científica" y es similar a la exposición. Cuando pretende presentar un cuadro libremente, con el fin de hacer una impresión vívida, se llama "descripción artística". El orador público tiene que saber hacer estas dos clases de descripciones, pero utilizará con más frecuencia la artística. Los retóricos hacen aún más distinciones.

**Métodos de descripción**

Al hablar en público, la descripción se hace más que todo para hacer una sugerencia; no solo porque sea conveniente ya que es mucho más compacta y ahorra tiempo, sino porque es más vívida. Las expresiones llamativas connotan más de lo que, en realidad, dicen; sugieren ideas e imágenes a la mente del oyente que complementan mejor las palabras directas del orador. Cuando Dickens, en su "Christmas Carol", dice: "En la cara de la Sra. Fezziwig asomó una gran sonrisa", nuestra mente completa ese cuadro tan hábilmente comenzado por el autor –y ese es un proceso mucho más efectivo que el de una descripción minuciosa y detallada porque deja una impresión unificada y vívida, y eso es lo que necesitamos. He aquí estos ejemplos: "El General Trinkle era un desgraciado hijo de su madre, áspero, sólido y seguro; uno siempre sabía dónde encontrarlo". Dickens presenta a la Señorita Peecher como: "Un pequeño cojincito de alfileres, una tierna ama de casa, un diminuto libro, una cajita de trabajo, un curioso juego de mesa y una mujercita muy bien puesta". En su "Historia de Nueva York", Irving describe a Wouter Van Twiller como "un barril de cerveza robusto, de pie sobre patines".

Independientemente de las formas de descripción que utilices, asegúrate de dominar el arte de la sugerencia.

La descripción puede representar una cosa por sus efectos. "Cuando la mirada del orador está deslumbrada", dice Mozley en *Essays*, "nos formamos la idea de un objeto espléndido; cuando su rostro se pone pálido, pensamos en algo horrible; de su admiración repentina nos formamos la idea de una gran belleza".

Una breve descripción puede ser por epíteto. "De ojos azules", "de brazos blancos", "amantes de la risa", son combinaciones convencionales, pero eran bastante frescas cuando Homero las unió por primera vez. Los siglos aún no han logrado mejorar frases como: "Ruedas redondas, de bronce, de ocho radios" o "Escudos lisos, hermosos, descarados y bien martillados". Observa el uso efectivo del epíteto en *The Fighting Death*, de Will Levington Comfort, cuando él describe a unos soldados en una escaramuza filipina como "arrojados contra una roca".

La descripción usa figuras del discurso. Un estilo figurativo brillante, pero cuidadosamente restringido, marcado por comparaciones y caracterizaciones breves, punidas, ingeniosas y humorísticas, es un recurso maravilloso para todo tipo de trabajo en el escenario.

La descripción puede ser clara y directa. Utiliza tu propio juicio para saber si era mejor ir de un vistazo general a los detalles o primero dar los detalles y, por tanto, construir el cuadro general. Sin embargo, sea cual sea el método que elijas, debes ser BREVE.

Ten en cuenta la densidad vívida de estas descripciones de Washington Irving en *Knickerbocker*.

"Era un caballero de corta estatura, cuadrado y musculoso, con doble barbilla, boca de mastín y nariz ancha de cobre, que se suponía que en esos días había adquirido su color ardiente de su pipa de tabaco.

Tenía exactamente cinco pies y seis pulgadas de estatura, y seis pies y cinco pulgadas de circunferencia. Su cabeza era una esfera perfecta y de dimensiones tan estupendas que la Madre Naturaleza, con todo el ingenio propio de su género, se habría sentido confundida al intentar construir un cuello capaz de sostenerlo –por lo que, sabiamente, rechazó el intento y lo colocó con firmeza en la parte superior de su espina dorsal, justo entre los hombros. Su cuerpo era de forma oblonga, espacioso sobre todo en el fondo –que fue ordenado sabiamente por la Providencia, viendo que era un hombre de hábitos sedentarios y muy contrario al ocioso trabajo de caminar".

Lo anterior es demasiado largo para un escenario, pero es tan alegre, tan lleno de deliciosas exageraciones, que serviría como modelo de una descripción de carácter humorístico porque aquí uno, inevitablemente, ve al hombre interior en el exterior.

La descripción directa en el escenario puede hacerse mediante el uso del "presente histórico". El siguiente pasaje dramático, acompañado por mucha acción, ha permanecido en la mente durante treinta años después de escuchar la conferencia del Dr. T. De Witt Talmage sobre *Big Blunders*. El golpe del bate suena clara incluso hoy:

"Preparen los bates y tomen sus posiciones. Ahora, mándennos la bola. Demasiado baja. No golpeen. Demasiado alta. No golpeen. ¡Allí viene como un relámpago! ¡Strike! ¡A lo lejos se eleva! ¡Más rápido! ¡Más rápido! ¡Corre! ¡Otra base! ¡Más rápido! ¡Más rápido! ¡Bueno! ¡Todo alrededor de un solo golpe!"

Observa la forma notable en la que el conferenciante se fusionó con la audiencia, los espectadores y los jugadores en un todo entusiasmado y extático, –es como cuando estás en tu asiento viendo el juego en primera fila. Observa, también, cómo –tal vez inconscientemente– Talmage describió la escena en el estilo característico de Homero: no como si ya hubiera sucedido, sino como si estuviera sucediendo ante sus ojos.

Si has asistido a unas cuantas conferencias sobre viajes, debes haber quedado impresionado por los extremos dolorosos a los que llegan los conferencistas –con algunas excepciones notables, sus discursos son demasiado adornados o demasiado crudos. Si quieres aprender sobre el poder de las palabras para describir paisajes, e incluso edificaciones, lee a Lafcadio Hearn, Robert Louis Stevenson, Pierre Loti y Edmondo De Amicis.

"A lo lejos, una azulosa montaña de piedras esculpidas apareció ante ellos –era el templo elevando al cielo su desierto de pináculos cincelados y el destello dorado de su decoración".

–Lafcadio Hearn, *Chinese Ghosts*

"Las estrellas eran claras, coloreadas, tenían aspecto de joyas, pero no lucían heladas. Un suave destello plateado representaba la Vía Láctea. A mi alrededor, los abetos negros permanecían erguidos y de pie. Con la blancura de la silla de montar, pude ver a Modestine dando vueltas y vueltas a lo largo de su cuerda; la oía correr y engullir el césped; no había otro sonido salvo la indescriptible y callada charla de la espada sobre las piedras".

–Robert Louis Stevenson, *Travels with a Donkey*

"Ya era pleno otoño, a finales –con sus sombrías atardeceres y todas las cosas oscureciendo temprano en la vieja cabaña, y toda la tierra bretona también sombría. Los días parecían un crepúsculo; las nubes inconmensurables pasaban lentamente y de repente le traían oscuridad al mediodía. El viento gemía a cada rato – era como el sonido de un gran órgano de catedral a distancia, pero tocando notas profanas o desesperados cantos; otras veces se acercaba a la puerta y levantaba un aullido como de bestias salvajes".

–Pierre Loti, *An Iceland Fisherman*

"Veo el gran comedor, donde todo un batallón pudo haber comido; veo las largas mesas, las quinientas cabezas inclinadas sobre los platos, el rápido movimiento de quinientos tenedores, mil manos y dieciséis mil dientes; el enjambre de sirvientes que corrían aquí y allá gritando, riñendo, apresurados, de todos lados a la vez; oigo el ruido de los platos, ese ruido ensordecedor, las voces ahogadas por la comida gritando: '¡Pan! ¡Pan!' Y siento una vez más ese apetito formidable, la fuerza hercúlea de la mandíbula, la vida exuberante y los espíritus de esos lejanos días".

–Edmondo De Amicis, *College Friends*

## Sugerencias para hacer buen uso de la descripción

Al comenzar una descripción, decide en qué punto de vista deseas que tus oyentes se enfoquen. Uno no puede ver una montaña o un hombre en todos lados a la vez. Establece un punto de vista y no lo cambies sin dar aviso.

Elige una actitud hacia tu tema. ¿Será idealista? ¿Caricaturesco? ¿Para ridiculizar? ¿Exagerado? ¿Para defender? ¿O descrito imparcialmente?

Asegúrate de estar en un buen estado de humor para que le des vivacidad al tema cuando estés haciendo tu descripción. La melancolía hará que un rosal sea gris.

Adopta un orden con el cual proceder; no cambies el rumbo del tema de atrás hacia adelante, ni de cerca a lejos, ni de tiempos remotos al tiempo actual, ni de lo general a lo particular, ni de lo macro a lo micro, ni de lo importante a lo insignificante, ni de lo concreto a lo abstracto o de lo físico a lo mental; tú sigue el orden que elegiste. Las observaciones dispersas y cambiantes generan impresiones confusas, así como una cámara sin rumbo estropea una filmación.

No entres en minuciosas innecesarias. Algunos detalles se identifican o se diferencian por sí mismos. Elige solo las características significativas y sugerentes y destácalas. Aprende la lección de los pocos movimientos utilizados por el artista que posa para una foto de cartel.

Al determinar qué describir y qué mencionar nada más, busca identificar qué conocimiento tiene tu audiencia del asunto. La diferencia entre lo desconocido y lo conocido es también vital para ti.

Corta sin temor todas las ideas y palabras que no sean necesarias para producir el efecto que deseas. Cada elemento en una imagen mental ayuda o dificulta. Asegúrate de que nada de lo que digas o hagas obstaculiza este proceso porque, si no aporta, no debe estar pasivamente presente en tu discurso.

Interrumpir la descripción para hacer observaciones al margen suele destruir la unidad ya que las explicaciones son frases descriptivas dispersas. La única impresión visual que puede ser efectiva es aquella que está unificada.

Al describir, trata de transmitir las emociones que sentías cuando viste la escena por primera vez; luego, intenta reproducirlas en tus oyentes. La descripción apela principalmente a las emociones; nada puede ser más mortalmente aburridor que una descripción frívola y sin emociones; en cambio, nada deja una impresión más cálida que una descripción brillante y animada.

Presenta una visión general rápida y vívida al final de la descripción. La primera y la última impresión siguen siendo las más largas e importantes. La mente puede ser entrenada para captar los puntos característicos de un tema, para ver en una sola escena, acción, experiencia o carácter una impresión unificada del todo. Para describir una cosa como un todo, primero debes verla como un todo. Maneja esa destreza y habrás dominado la descripción en su máxima expresión.

## PREGUNTAS Y RESPUESTAS

1. Escribe dos párrafos sobre uno de estos temas: el caballo de carreras, el bote a motor, el golf, el tenis; que el primero sea una exposición y el segundo una descripción.

2. Selecciona tu propio tema y haz lo mismo en dos breves discursos espontáneos.

3. Haz un breve discurso en un estilo demasiado adornado.

4. a) Señala sus defectos; (b) refórmalo en un estilo más efectivo; (c) muestra cómo uno supera al otro.

5. Escribe una lista de diez temas que se presten a la descripción en el estilo que prefieras.

6. Haz un discurso de dos minutos sobre cualquiera de ellos utilizando principalmente, pero no únicamente, la descripción.

7. Durante un minuto, mira cualquier objeto, escena, acción, fotografía o persona que elijas; luego, toma dos minutos para ordenar tus pensamientos y haz una breve descripción, todo sin hacer notas escritas.

8. ¿En qué sentido la descripción es más personal que la exposición?

9. Explica la diferencia entre una descripción científica y una descripción artística.

10. ¿Qué métodos de descripción prefieres?

11. Escribe y di, sin notas y con gestos descriptivos, una descripción e imitación de cualquiera de los autores citados en este capítulo.

12. Haz una breve charla sobre uno de tus viajes, como si estuvieras mostrando imágenes.

13. Ahora, cuenta tu viaje, pero "sin imágenes".

## CAPÍTULO 21

## EL USO DE LA NARRACIÓN EN EL DISCURSO PÚBLICO

"El arte de la narración es el arte cuyo principio consiste en hacer que el pensamiento apropiado siga al pensamiento apropiado y el hecho apropiado siga al hecho apropiado; es preparar primero la mente para lo que está por venir y luego dejarla ir".
–Walter Bagehot, *Literary Studies*

"Nuestro propio discurso es curiosamente histórico. La mayoría de las personas, obsérvalo, habla solo para narrar; no se enfoca en impartir lo que ha pensado –que lo más probable es que, a menudo, sea un asunto muy sencillo–, sino en explicar al máximo lo que ha sentido o visto, que, de por sí, es bastante ilimitado y dilata la narración. ¡Cortemos la narrativa! El curso de la conversación, incluso entre los más sabios, languidecerá. Y entre los necios se evaporará por completo. Así pues, si nos enfocamos en narrar la historia, decimos poco, pero con vehemencia".
–Thomas Carlyle, *On History*

Solo un pequeño segmento del gran campo de la narración le ofrece sus recursos al orador público y estos incluyen la anécdota, los hechos biográficos y la narración de los acontecimientos en general.

La narración -más fácilmente definida que dominada- es el recital de un incidente o de un grupo de hechos y sucesos, de tal manera que produzcan el efecto deseado.

Las leyes de la narración son escasas, pero su práctica exitosa implica más arte del que parecería, tanto que ni siquiera tocaremos su técnica aquí, sino que nos contentaremos con examinar algunos ejemplos de cómo utilizarla en el discurso público.

De manera preliminar, observa cómo el uso de la narración por parte del orador público difiere por completo del uso que le da el escritor de cuentos debido a que en el escenario no hay diálogos extendidos, ni la descripción de los personajes, ni la libertad en la elaboración de los detalles que caracterizan la narrativa del escritor. Sin embargo, existen varias similitudes en cuanto a la metodología: la frecuente combinación de narración con exposición, descripción, argumentación y sugerencias; el cuidado en cuanto a la organización del material para producir un fuerte efecto en el cierre (clímax); la práctica muy general de ocultar el "punto" de una historia hasta el momento efectivo; y la supresión cuidadosa de detalles innecesarios y, por lo tanto, incómodos.

Así vemos que, ya sea escrito o hablado, el arte de la narración implica mucho más que hacer un recital de los hechos; la sucesión de eventos registrados requiere un plan para contarlos de tal modo que surtan un efecto real en los oyentes.

También notarás que es probable que el estilo literario de la narración dentro del escenario sea menos pulido y más dramático que en la narración que se pretende escribir y publicar, —y también más ferviente y en tono más elevado. Sin embargo, en este último aspecto, la forma en que se habla hoy en el escenario difiere de los modelos de las generaciones precedentes en las que un estilo muy digno, y a veces pomposo, era la única forma apropiada para hacer un discurso público. Tan grandes, nobles y conmovedores como eran estos discursos elocuentes y apasionados de los maestros de la oratoria de otros tiempos, a veces nos sentimos oprimidos cuando leemos o escuchamos sus sonoros mensajes durante un largo rato –e incluso admitimos todo lo que hemos ido perdiendo en presencia, voz y pasión. Así que modelemos nuestras narraciones en nuestros discursos, así como nuestras otras formas de expresión, en las direcciones efectivas de los tiempos modernos, pero sin disminuir nuestra admiración por la escuela más antigua.

## La anécdota

Una anécdota es una breve narración de un solo evento contado con el suficiente impacto como para probar un punto de vista específico. Cuanto más agudo sea el punto, más condensada será la forma, y cuanto más impacte le suene la anécdota al oyente, más fácil será probar el punto en cuestión.

Ver la anécdota como una ilustración –como un cuadro interpretativo– nos ayudará a mantenernos en su verdadero propósito porque una historia sin propósito es, de todos los delitos que se cometen en el escenario, el más mortal. Una anécdota contada por capricho no tendrá gracia cuando no tiene nada que ver con el tema en discusión. Por otra parte, una anécdota apropiada también ha salvado muchos discursos del fracaso.

No hay mejor oportunidad para hacer uso del buen tacto que al introducir historias ingeniosas o humorísticas en un discurso. El humor es agudo y como una espada que perfora lo profundo, a veces hasta herir el corazón. Se fundamenta en un repentino descubrimiento de una relación insospechada que existe entre dos ideas –el humor conecta cosas que no están relacionadas –con lo incongruente. Era el buen sentido del humor de Douglas Jerrold el que nos hacía retorcernos de la risa viéndolo fruncir el ceño frente a un extraño cuyo hombro él había golpeado a propósito, pretendiendo confundirlo con un amigo diciendo: "Perdón, pensé que te conocía, pero me alegro de no conocerte". ¿O qué tal el sentido del humor del orador sureño, John Wise, cuando comparaba el placer de pasar una noche con una muchacha puritana con el de sentarse sobre un bloque de hielo en invierno, mascando granizo entre sus dientes?

Otras anécdotas pretenden enfatizar alguna verdad en particular que el orador desea mostrar a lo largo de su charla. A veces, el orador la cuenta antes de comenzar con su tema y así la audiencia está preparada para hacer la comparación punto por punto como Henry W. Grady al contar una de sus anécdotas antes de su gran discurso espontáneo en *The New South*.

La edad no permite que todas las cosas se mantengan con fuerza y virtud, ni todas las cosas nuevas son despreciables. El zapatero que puso sobre su puerta el letrero que dice: "La tienda de John Smith, fundada en 1760" fue más que igualado por su joven rival al otro lado de la calle que colgó un aviso que decía: "Bill Jones. Establecido en 1886. No mantengo nada viejo en mi estantería".

La anécdota también puede utilizarse al final del discurso a manera de conclusión. Otra forma de utilizarla es contando una parte de la anécdota al principio del discurso y reservar la otra parte para concluirla al final. Así, no solamente se mantiene interesada a la audiencia en el tema en discusión, sino también en cuál podrá ser el final de la simpática historia.

Una última palabra sobre la introducción a la anécdota. Una introducción torpe e inapropiada es fatal, mientras que una sola oración adecuada o ingeniosa encenderá el interés de la audiencia y la preparará de manera favorable para escuchar lo que el orador quiere contar.

## Los hechos biográficos

Hablar en público tiene mucho que ver con hacer referencia a los diversos personajes que hacen parte de la Historia Universal. Naturalmente, la narración de una serie de detalles biográficos, incluyendo anécdotas de hechos interesantes en medio del discurso, juegan un papel importante a la hora de hacer un elogio, un discurso conmemorativo, un discurso político, un sermón, una conferencia y cualquier otro tipo de discursos públicos. El mensaje puede incluir detalles biográficos. Por ejemplo, durante un sermón es apropiado hablar sobre la vida de Moisés así como en un discurso político cabe mencionar hechos biográficos de Gandhi.

## PREGUNTAS Y EJERCICIOS

1. Extrae de cualquier fuente diez anécdotas e indica qué verdades pueden usarse para ilustrarlas.

2. Úsalas en tus discursos.

3. Cuenta una anécdota antes de iniciar tu discurso. Observa el efecto en tu audiencia.

4. Cuenta una anécdota dividiéndola en dos partes: antes y después del discurso. Observa el efecto en tu audiencia.

5. Cuenta una anécdota al final del discurso. Observa el efecto en tu audiencia.

6. ¿Notaste alguna diferencia en el efecto que surte el uso de la anécdota según sea el punto del discurso en el que se cuente? ¿Por qué?

## CAPÍTULO 22

## EL USO DE LA SUGESTIÓN O LA SUGERENCIA EN EL DISCURSO PÚBLICO

> "A veces la sensación de que una determinada forma de ver las cosas es indudablemente correcta evita que la mente piense en absoluto... En vista de los obstáculos que ciertos tipos o grados de sentimiento inciden en la manera de pensar, podría inferirse que el pensador debería suprimir el elemento del sentimiento en su vida interior. No podría haber un error mayor que ese. Si el Creador dotó al ser humano de la capacidad de pensar, de sentir y querer, estas diversas actividades de la mente no están diseñadas para estar en conflicto; y mientras ninguna de ellas no sea pervertida, ni excesiva, necesariamente ayuda y fortalece a las otras en el desempeño de sus funciones normales".
> 
> –Nathan C. Schaeffer, *Thinking and Learning to Think*

Cuando sopesamos, comparamos y decidimos sobre el valor de determinado pensamiento, estamos razonando. Cuando una idea produce en nosotros una opinión o una acción, sin que antes la sometamos a la deliberación, estamos siendo movidos por la sugestión.

Anteriormente, se pensaba que el hombre era un animal razonante que basaba sus acciones en conclusiones producidas por la lógica natural. Se suponía que antes de formar una opinión o de decidir cierta conducta analizaba, por lo menos, algunas de las razones a favor y en contra del asunto en cuestión y hacía un proceso, más o menos, simple de razonamiento. Pero investigaciones modernas han demostrado todo lo contrario. La mayoría de nuestras opiniones y acciones no se basa en el razonamiento consciente, sino que es el resultado de la sugestión. De hecho, algunas autoridades en la materia afirman que un acto de razonamiento puro es muy raro en la mente promedio. Las decisiones momentáneas se toman en un instante; en cambio, las acciones de gran alcance se determinan, básicamente, apoyadas en la sugestión.

Observa que la palabra "básicamente", cuando está relacionada con una idea simple, e incluso con un razonamiento serio, a menudo hace referencia a una sugestión aceptada por la mente, y el pensador supone con algo de ingenuidad que su conclusión está basada de principio a fin en una lógica calculada.

## La base de la sugestión

Debemos pensar en la sugestión desde el punto de vista tanto de efecto como de causa. Considerada como efecto, objetivamente, debe haber algo en el oyente que lo predispone a recibir una sugestión o sugerencia; y considerada como causa, o subjetivamente, debe haber algunos métodos por medio de los cuales el orador ejerza influencia sobre esa actitud particularmente susceptible del oyente. La cuestión es hacerlo de manera honesta y justa; si se hace de manera deshonesta y truculenta, usando la sugestión o la sugerencia para producir convicción y acción sin fundamento de derecho y verdad, y en una mala causa, es asumir la terrible responsabilidad que deberá recaer sobre ese campeón de la mala fe que así obre. Jesús fue enfático al decir que no se debe usar el convencimiento a los demás para conseguir un beneficio propio, pero hay inescrupulosos que han adoptado este medio para alcanzar sus fines. Por lo tanto, la gente honrada examinará bien sus motivos y la verdad de su causa antes de tratar de influenciar a los demás utilizando la sugestión y sugerencias.

Tres condiciones fundamentales nos hacen susceptibles a la sugestión o sugerencia:

Los seres humanos respetamos la autoridad de manera natural. Está impresa en toda mente y es solo una cuestión de nivel, y va desde el sujeto que es fácilmente hipnotizado hasta la mente obstinada que se fortalece más y más con cada asalto que recibe a su opinión. Este último tipo de mentalidad es casi inmune a la sugestión.

Algo singular acerca de la sugestión es que rara vez es de la misma índole. La mente receptiva a la autoridad de cierta persona puede resultar inflexible ante otra; los estados de ánimo y los ambientes que producen hipnosis fácilmente en un caso pueden ser inoperantes por completo en otro; algunas mentes apenas pueden ser movidas solo de esta forma. Sabemos, sin embargo, que el deseo de ejercer autoridad —influencia, poder, dominio, control, cualquiera que sea su deseo—, yace en la persona que tiene la intención de sugestionar y es la base de toda sugestión.

La fuerza extrema de esta influencia se demuestra en el hipnotismo. Al sujeto hipnotizado se le dice que está en el agua; él acepta esa declaración como verdadera y hace movimientos de natación. Se le dice que una banda de música está marchando por la calle tocando "The Star Spangled Banner" y él declara que escucha la música y se levanta y se queda en actitud de estar escuchando la banda tocar.

De la misma manera, algunos oradores tienen la capacidad de lograr un efecto hipnótico sobre sus audiencias. Los oyentes les aplaudirán medidas e ideas que, después de una reflexión individual, repudiarán —a menos que esa reflexión traiga la convicción de que la primera impresión es correcta.

Un segundo principio importante es que nuestros sentimientos, pensamientos y nuestra voluntad tienden a seguir la línea de menor resistencia. Una vez la mente se abre ante la influencia de un sentimiento, se requiere de un sentimiento, pensamiento o voluntad más fuertes -o incluso de los tres- para deshacer la influencia de ese sentimiento inicial. Nuestros sentimientos influyen en nuestros juicios y en nuestra predisposición mucho más de lo que quisiéramos admitir. Tan cierto es, que es una tarea sobrehumana conseguir que una audiencia analice de manera razonable un tema que la afecta profundamente, y cuando este resultado se logra, el éxito se hace notorio, como en el caso del discurso de Henry Ward Beecher en Liverpool. Las ideas emocionales, una vez aceptadas, pronto son apreciadas y terminan por convertirse en nuestro sentimiento más íntimo. Las actitudes basadas solo en los sentimientos son prejuicios.

Lo que es verdad de nuestros sentimientos, a este respecto, se aplica a nuestras ideas: todos los pensamientos que entran en la mente tienden a ser aceptados como verdad a menos que surja un pensamiento más fuerte y contradictorio.

El orador experto en mover a sus espectadores a la acción logra dominar sus mentes con sus opiniones prohibiéndoles con sutileza que se distraigan con ideas distintas a las suyas. La mayoría de nosotros es capturada por ideas más fuertes que las nuestras y, si somos movidos a actuar mientras estamos bajo esa influencia, perdemos de vista que esa influencia podría ser perjudicial. El hecho es que casi todas nuestras decisiones —si es que implican algo de análisis— son de este tipo: en el momento de la decisión, la acción como tal capta toda nuestra atención y las ideas en conflicto quedan descartadas.

El jefe de una gran editorial comentó no hace mucho que el noventa por ciento de las personas que compra libros por suscripción nunca los lee. Ellas compran porque el vendedor presenta sus productos tan hábilmente que las convence de hacer la compra aunque no sientan ningún interés hacia el libro, pero los argumentos de venta las impulsan a la acción. Toda idea que entre en la mente resultará en acción a menos que surja un pensamiento contradictorio que la prohíba. Piensa en cantar la escala musical y resultarás cantándola a menos que haya algo que te lo impida —un pensamiento de futilidad o que te haga sentir absurdo y te inhiba de tomar acción. Si le vendas mal la pata a un caballo, él se quedará cojo. No se mejorará si no le das el tratamiento adecuado a todos sus músculos y en lugar de ayudarle, su pata terminará viéndose más afectada. No puedes pensar en decir "hola" sin que haya un ligero movimiento de todos los músculos que intervienen en el proceso de habla. Advertirles a los niños que no deben ponerse frijoles en la nariz es el método más seguro de conseguir que lo hagan. Cada pensamiento puesto en la mente de tu audiencia funcionará a favor o en contra tuyo. Los pensamientos no son materia muerta; ellos irradian energía dinámica; todos los pensamientos tienden a pasar a la acción. "El pensamiento es otro nombre para destino". Domina los pensamientos de tus oyentes, disipa todas las ideas contradictorias, y los influenciarás como desees.

La voluntad, así como los sentimientos y pensamientos, tienden a seguir la línea de menor resistencia. Eso es lo que hace el hábito. Sugestiona a una persona de que es imposible cambiar de opinión y en la mayoría de los casos será muy difícil que ella la cambie, – la excepción a esa regla es aquella persona que sí esté dispuesta a cambiarla. La sugestión es una manera eficaz de convencer. Sugiere sutil y persistentemente que las opiniones de aquellos en la audiencia que están en contra de tus opiniones están cambiando, y que se requiere de un esfuerzo de la voluntad —de hecho, de reunir las fuerzas del sentimiento, del pensamiento y de la voluntad— para frenar el oleaje de cambio que se ha establecido subconscientemente.

Pero no solo somos movidos por la autoridad y tendemos hacia los canales de menor resistencia: todos somos influenciados por nuestro entorno. Es difícil superar el dominio de una multitud —su entusiasmo y sus temores son contagiosos porque son sugestivos. Lo que tantos sienten debe estar basado de alguna manera en determinada verdad. Diez veces diez hace más de cien. Pon diez oradores a hablarles a diez audiencias de diez asistentes cada una y compara el poder agregado de esos diez oradores con el de un solo orador que se dirige a cien oyentes. Los diez oradores pueden ser, lógicamente, más convincentes que un solo orador, pero las posibilidades están muy a favor de que él alcance un mayor efecto total ya que los cien asistentes irradiarán convicción y resolución en tal forma que diez grupos pequeños no podrían irradiar.

El medio ambiente nos controla a menos que nos convenzamos de lo contrario con total certeza. Un día sombrío en un auditorio sombrío con escasos asistentes invita al fracaso en el escenario. Todo el mundo lo siente en el aire. Pero si el orador entra con confianza y desarrolla el tema acompañado de sus mejores sentimientos, conocimientos y palabras, convencido de que esta será una gran reunión en todos los sentidos, verás cómo ese supuesto derrotismo del ambiente retrocede ante una actitud más potente. Si ese orador es capaz de sobreponerse a lo que las circunstancias sugieren, entonces también será capaz de triunfar.

Ahora bien, estos tres factores —el respeto a la autoridad, la tendencia a seguir líneas de menor resistencia y la susceptibilidad al medio ambiente— no solo ayudan a llevar al auditorio a un estado de ánimo favorable a las influencias sugestivas del orador, sino que también influyen sobre él y, por lo tanto, él también debe tener en cuenta aquellas fuerzas subjetivas que le permitan usar la sugestión de manera efectiva.

## Cómo puede hacer el orador para que la sugestión sea efectiva

Hemos visto que, bajo la influencia de la sugestión autoritaria, la audiencia se siente inclinada a aceptar las afirmaciones del orador sin discusión ni crítica. Pero la audiencia no entra en este estado de ánimo a menos que tenga una confianza implícita en él. Si carecen de fe en el orador, los asistentes cuestionan sus motivos, su conocimiento e, incluso, se oponen a su metodología y no serán movidos por la más lógica de sus conclusiones, ni lo escucharán con total atención. Todo es cuestión de su confianza en él. Ya sea que el orador la encuentre reflejada en la mirada cálida y expectante de sus oyentes, o que deba dar la batalla contra la oposición o la frialdad, él debe procurar por todos los medios ganarse a su público antes de intentar que sus sugerencias hagan efecto en los corazones de sus oyentes. La confianza es la madre de la convicción.

Durante la apertura del discurso de Henry W. Grady, después de una cena a la que fue invitado, él intentó asegurarse de contar con la confianza de su público creando una atmósfera receptiva mediante una historia humorística aunque expresó su deseo de hablar con seriedad y sinceridad; luego, reconoció "los grandes intereses involucrados"; desaprobó "ciertos aspectos" y profesó su humildad. ¿No habría de dar confianza en el orador una introducción de este tipo, a menos que los asistentes estuvieran radicalmente opuestos a él? ¿E incluso así?

O qué tal el intento de Bryan por asegurar la confianza de su audiencia en la introducción que hizo a su discurso "Cruz de Oro" pronunciado ante la Convención Democrática Nacional en Chicago, en 1896. En él afirmó su propia incapacidad para oponerse al "distinguido caballero"; mantuvo la validez de su causa; y declaró que hablaría en beneficio de la Humanidad –sabiendo que era probable que la Humanidad tuviera confianza en sus derechos. Esta introducción dominó por completo a la audiencia y el discurso hizo famoso al Sr. Bryan:

> "Señor Presidente y Señores de la Convención: Sería presuntuoso, de hecho, presentarme en contra de los distinguidos caballeros a quienes ya han escuchado si se tratara de una mera medición de habilidades; pero esto no es un concurso entre personas. El ciudadano más humilde de toda la tierra, vestido con la armadura

de una causa justa es más fuerte que todas las huestes del error. Vengo a hablarles en defensa de una causa tan santa como la causa de la libertad, la causa de la Humanidad".

Algunos oradores son capaces de generar confianza por sus propios medios, mientras que otros no lo logran.

Para asegurarte de tener confianza, ¡ten confianza! No hay otra manera. ¿Cómo esperas que los demás acepten un mensaje en el que carezcas, o parezca que careces, de fe? La confianza es tan contagiosa como la enfermedad. Napoleón reprendió a un oficial por usar la palabra "imposible" en su presencia. El orador que no tiene idea de la derrota engendra en sus oyentes la idea de la victoria. Lady Macbeth se sentía tan confiada en el éxito que Macbeth cambió de opinión acerca del asesinato. Colón estaba tan seguro de su misión que la Reina Isabel empeñó sus joyas para financiar su expedición. Afirma tu mensaje con seguridad implícita y tu fe actuará como una enorme cantidad de pólvora para llevarte a tu meta.

Los publicistas han utilizado durante mucho tiempo este principio. "La máquina que finalmente comprarás", "Pregúntale al que ya posee una", "Tiene la fuerza de Gibraltar", son consignas publicitarias tan llenas de confianza que dan pie a la confianza en la mente de quienes las escuchan.

Hace poco, un orador se levantó en un club de interesados en el discurso público y afirmó que nacería pasto de cenizas esparcidas sobre el suelo sin la ayuda de la semilla. Esta idea fue recibida con mucha risa, pero el orador estaba tan seguro de su posición que reiteró la declaración enérgicamente varias veces y compartió su propia experiencia como prueba. Uno de los hombres más inteligentes de la audiencia, que al principio había ridiculizado tal idea, finalmente llegó a creer en ella. Cuando se le preguntó la razón de su repentino cambio de actitud, él respondió: "Porque el orador se ve muy confiado". De hecho, estaba tan confiado que leyó una carta que le envió el Departamento de Agricultura de Estados Unidos descartando la posibilidad de que su propuesta fuera un error.

Si por la confianza de un orador se les puede hacer creer a personas inteligentes teorías tan absurdas como esta, ¿dónde cesará el poder de la autosuficiencia cuando surjan situaciones como esta, pero exista el poder de convencer a través de un discurso?

Analiza la seguridad de los siguientes pensamientos:

"No sé qué curso tomarán otros, pero en cuanto a mí, pido mi libertad o mi muerte".

–Patrick Henry.

"Yo no te pediré cuartel, ni nunca seré tu esclavo. Pero nadaré en el mar de la lucha, hasta que me hunda bajo sus olas".

–Zueco.

La autoridad es un factor que hace parte de la sugestión. Por lo general, aceptamos como verdad y sin crítica las palabras que provienen de una autoridad. Cuando esta autoridad habla, rara vez surgen ideas contradictorias en nuestra mente. Un juez de la Corte Suprema tiene el poder de sus palabras multiplicadas por la virtud de su posición. Las ideas del Comisionado de Inmigración de Estados Unidos sobre su tema son mucho más efectivas y poderosas que las de un fabricante de jabón, aunque este último demuestre ser un economista capaz.

Este principio también se ha utilizado en la publicidad. Se nos dice que los médicos de dos reyes han recomendado el consumo de Sanatogen. Se nos informa que el mayor banco de América, Tiffany y Cía., y los Departamentos de Estado, Guerra y Marina usan la Enciclopedia Británica. El astuto promotor les da acciones de su compañía a los banqueros influyentes y a los hombres de negocios de la comunidad a fin de poder utilizar sus ejemplos como un argumento de venta.

Si desea influir en tu audiencia a través de la sugestión, si deseas que tus declaraciones sean aceptadas sin críticas ni argumentos, debes aparecer a la luz de una autoridad –o ser tú mismo una. La ignorancia y la credulidad permanecerán sin cambios a menos que la sugestión causada por una autoridad sea seguida rápidamente por los hechos. No reclames ser una autoridad a menos que lleves tu licencia en tu bolsillo.

La publicidad ayudará a establecer tu reputación, –pero "depende de ti" mantenerla. Un orador observó que su reputación como escritor de revistas era un espléndido activo para él como orador. La publicidad del Sr. Bryan, ganada por tres nominaciones para la presidencia, junto con su posición como Secretario de Estado, le ayudó a ganar una gran reputación como orador. Pero –de todos modos– él es un gran orador. Anuncios de periódicos, todo tipo de publicidad, formalidades, presentaciones impresionantes, todos tienen un efecto capital sobre la actitud de la audiencia.

Observa cómo se utiliza la autoridad en el siguiente fragmento para apoyar la fuerza de la apelación del orador:

"El Profesor Alfred Russell Wallace acaba de celebrar su cumpleaños número 90. Compartiendo con Charles Darwin el honor de descubrir la evolución, el Profesor Wallace ha recibido últimamente muchos honores y distinciones de las sociedades científicas. En la cena que se ofreció en su honor en Londres, su discurso estaba compuesto en gran parte por reminiscencias. Se refirió al progreso de la civilización durante el siglo pasado e hizo una serie de brillantes y sorprendentes contrastes entre la Inglaterra de 1813 y el mundo de 1913. Afirmó que nuestro progreso es solo aparente y no real. Él insistió en que los artistas modernos son tan superiores como los pintores, los escultores y los arquitectos de Atenas y Roma en la Antigüedad; que los mismos fragmentos de mármol y los templos siguen siendo motivo de desesperación de los artistas actuales. Dijo que el hombre ha mejorado su telescopio y sus anteojos, pero que está perdiendo la vista; que está mejorando sus telares, pero endureciendo sus dedos; mejorando su automóvil y su locomotora, pero perdiendo sus piernas; mejorando su alimentación, pero perdiendo su digestión. Añadió que el moderno tráfico de esclavos blancos, los asilos para huérfanos y convertir los vecindarios en lugares llenos de fábricas son una página negra en la Historia del siglo XX.

Los puntos de vista del Profesor Wallace se vieron reforzados por el informe de la Comisión del Parlamento sobre las causas del deterioro de la gente que trabaja en las fábricas. En nuestro propio país, el Profesor Jordan nos advierte contra la guerra, la intemperancia, el exceso de trabajo, la falta de comida de los niños pobres y perturba nuestro contentamiento con su *Harvest of Blood*. El Profesor Jenks es más pesimista. Él piensa que el ritmo de la vida, el clima y el estrés de las ciudades han derribado el deseo inicial de los primeros puritanos; afirma que, en el próximo siglo, el concepto de familia se extinguirá y que el flujo de inmigración significará un Niágara de aguas fangosas ensuciando los manantiales puros de la vida americana. En su discurso en New Haven, el Profesor Kellogg llamó la atención en los signos de degeneración racial y dijo que este deterioro incluso indica una tendencia hacia la extinción de la raza".

–Newell Dwight Hillis


La autoridad es la gran arma contra la duda, pero incluso su fuerza rara vez prevalece contra los prejuicios y la tenacidad persistente. Si algún orador ha podido forjar una espada que se justifique para combatir contra tal armadura, que bendiga a la Humanidad compartiendo su secreto con sus colegas en todas partes porque, hasta ahora, él está solo en su gloria.

Hay un punto medio entre la sugestión que ejerce el orador como figura de autoridad en el escenario y la aceptación de su propia debilidad. Nadie puede aconsejarle cuándo lanzar su "sombrero al ruedo" y decir desafiante en el escenario: "¡Caballeros, estoy aquí para luchar!" Theodore Roosevelt pudo hacer eso, ¡pero Beecher habría sido atropellado si hubiera comenzado en ese estilo en Liverpool! Es tu propio tacto el que te ayudará a decidir si usarás la gracia desarmadora de la introducción de Henry W. Grady que acabamos de citar, o si la gravedad solemne del Sr. Bryan antes de la Convención te resultará ser más eficaz. Solo asegúrate de que tu actitud de apertura esté bien pensada, y si cambias a medida que te adentras en tu tema, no dejes que ese cambio cause el rechazo de tu audiencia.

El ejemplo es un poderoso medio de sugestión. Como vimos al analizar el ambiente y sus efectos en la audiencia, hacemos, sin vacilación ni crítica, lo que otros están haciendo. La gente en Paris lleva ciertos sombreros y vestidos; el resto del mundo la imita. El niño imita las acciones, los acentos y las entonaciones de los padres. Si un niño nunca escuchara a nadie hablar, jamás adquiriría la capacidad del habla, a menos que le den el más arduo entrenamiento, e incluso así, hablaría imperfectamente. Uno de los almacenes más grandes de los Estados Unidos gasta fortunas con un eslogan publicitario: "Todo el mundo va a la gran tienda". Eso hace que todos quieran ir.

Puedes reforzar el poder de tu mensaje mostrando que este ha sido ampliamente aceptado. Las organizaciones políticas subvencionan los aplausos para crear la impresión de que las ideas de sus oradores son calurosamente recibidas y aprobadas por la audiencia. Los defensores de la gestión del gobierno, los campeones de los votos para las mujeres, reservan como argumentos más fuertes el hecho de que varias ciudades y Estados ya han aceptado con éxito sus planes. Los anuncios utilizan el testimonio por su poder de sugerencia.

Observa cómo este principio se ha aplicado en los siguientes ejemplos y trata de utilizarlo en todas las ocasiones posibles en tus intentos por influir a través de la sugestión:

"La guerra está comenzando. La ventisca que se aproxima desde el Norte traerá a nuestros oídos el sonido de las armas. Nuestros hermanos ya están en el campo. ¿Por qué estás aquí ocioso?"

–Patrick Henry

"Con un celo parecido al que inspiró a los cruzados que siguieron a Pedro el Ermitaño, nuestros demócratas plateados salieron de la victoria a la victoria hasta que lograron reunirse, no para discutir, ni para debatir, sino para entrar en el juicio ya dictado por la gente sencilla de este país. El hermano ha sido puesto en contra de su hermano, el padre en contra de su hijo. Los lazos más cálidos de amor, amistad y asociación han sido ignorados. Los viejos líderes fueron desechados cuando se negaron a darles el derecho de expresión a los sentimientos de aquellos a quienes ellos dirigirían, y nuevos líderes han surgido para darle rumbo a esta causa. Así se ha librado el combate y nos hemos reunido aquí bajo instrucciones obligatorias y solemnes que se han impuesto siempre sobre los representantes del pueblo".

–William Jennings Bryan

El lenguaje figurativo e indirecto tiene fuerza sugestiva porque no hace afirmaciones que puedan ser disputadas de manera directa. No despierta ideas contradictorias en la mente de la audiencia cumpliendo así uno de los requisitos básicos de la sugestión. A menudo, al insinuar una conclusión en lenguaje indirecto o figurativo, esa conclusión se afirma con mayor fuerza.

Observa que en el siguiente fragmento el Sr. Bryan no dijo que el Sr. McKinley sería derrotado. Lo implicó de una manera mucho más efectiva:

"El Sr. McKinley fue nominado en St. Louis en una plataforma que declaró acerca del mantenimiento del estándar del oro hasta que sea cambiado por bimetalismo según el acuerdo internacional. McKinley era el hombre más popular entre los republicanos y hace tres meses todos en el Partido Republicano profetizaron su elección. ¿Qué pasó hoy? ¿Por qué, este hombre que una vez fue comparado con Napoleón se estremece hoy cuando recuerda que fue nominado en el aniversario de la Batalla de Waterloo? Y no solo eso, sino que, a medida que escuchas, puedes oír cada vez con mayor claridad el sonido de las olas mientras golpean sobre las solitarias costas de Santa Elena".

Cuando Thomas Carlyle dijo: "Un hombre falso no puede fundar una religión", su mensaje no habría sido ni tan sugestivo, ni tan poderoso, ni tan largamente recordado, tanto como su implicación, si no lo hubiera dicho en estas llamativas palabras:

"¿Un hombre falso fundó una religión? ¡Por qué, un hombre falso no puede construir una casa de ladrillos! Si no conoce ni sigue verdaderamente las propiedades del triturador, ni de la arcilla, ni de todo lo necesario para construirla, no es una casa lo que él hará, sino un montón de basura. No será una construcción que durará doce siglos para alojar a ciento ochenta millones porque caerá de inmediato. El hombre debe conformarse a las leyes de la naturaleza, estar en comunión con ella y con la verdad de las cosas, o la naturaleza le responderá: ¡No, no en absoluto!"

Un discurso debería fundamentarse en bases sólidas y lógicas y nadie debería atreverse a hablar en nombre de una falacia. Argumentar un tema, sin embargo, despertará ideas contradictorias en la mente de tu audiencia. Cuando se desea acción inmediata o persuasión, la sugestión es más eficaz que el argumento, –y cuando ambos se mezclan juiciosamente, el efecto es irresistible.

## PREGUNTAS Y EJERCICIOS

1. Haz un resumen oral o escrito del contenido de este capítulo.

2. Revisa la introducción de cualquiera de tus mensajes escritos teniendo en cuenta las enseñanzas de este capítulo.

3. Cita dos ejemplos sobre cómo has observado el poder de la sugestión en cada uno de estos campos: (a) la publicidad; (b) la política; (c) el sentir público.

4. Cita ejemplos de un discurso sugestivo e ilustra dos de los principios establecidos en este capítulo.

5. ¿Con qué razones refutarías el contenido general de este capítulo?

6. ¿Qué razones usarías para apoyarlo?

7. ¿Qué efecto tiene la sugestión en el orador?

8. ¿Podría la sugestión surgir de la audiencia? Si es así, mostrar cómo.

9. Elige tu propio tema. Luego, preparar y transmite un discurso corto haciendo uso del estilo sugestivo.

## CAPÍTULO 23

## EL USO DE LA ARGUMENTACIÓN EN EL DISCURSO PÚBLICO

> "El sentido común le pertenece a la Humanidad porque es el producto de la observación y la experiencia comunes. Es modesto, simple y poco sofisticado. Ve con los ojos de todos y oye con los oídos de todos. No hay en él ninguna clase de distinciones caprichosas, ni vacilaciones, ni misterios. Nunca se equivoca, ni implica nimiedades. Su lenguaje es siempre claro. Se conoce porque en todos y cada uno de sus propósitos se percibe claridad y singularidad".
> 
> –George Jacob Holyoake, *Public Speaking and Debate*

La palabra "lógica" les causa temor a la mayoría de los jóvenes oradores, pero tan pronto como ellos se dan cuenta de que sus procesos, aun cuando parecen complicados, son tan solo declaraciones técnicas de las verdades impuestas por el sentido común, deshechan sus temores. De hecho, la lógica es un tema fascinante sobre el cual el orador público debería profundizar ya que explica los principios que rigen el uso del argumento y la prueba.

La argumentación es el proceso de generar convicción por medio del razonamiento. Otras maneras de generarla son, sobre todo, la sugestión, como acabamos de demostrar en el capítulo anterior, pero ningún medio es tan elevado y digno de respeto como la presentación de razones sólidas que sirvan para apoyar una discusión.

Puesto que es esencial desarrollar más de un aspecto de cada tema a tratar antes de que podamos afirmar que lo hemos debatido imparcialmente, debemos pensar en la argumentación desde estas dos perspectivas: cómo construir un argumento y cómo derribarlo. En otras palabras, necesitas examinar la estabilidad de la estructura de tu argumento para asegurarte de que te sirva para apoyar la proposición que deseas presentar y que esta sea tan sólida que no pueda ser derribada por los opositores; además, debes estar dispuesto a detectar sus puntos débiles y así estar preparado para demoler hasta lo más mínimo que se diga en su contra.

Consideraremos la argumentación de manera general, dejando las discusiones minuciosas y técnicas a obras tan excelentes como *The Princliples of Argumentation*, de George P. Baker y *Public Speaking Debate* de George Jacob Holyoake. Cualquier buen material a nivel universitario también servirá de ayuda sobre el tema, en especial las obras de John Franklin Genung y Adams Sherman Hill. Te invito a familiarizarte con al menos una de estas lecturas.

Espero que la siguiente serie de preguntas te sirva en tu actividad como orador para que pongas a prueba la fuerza de tus argumentos y que a la vez te permita atacar los argumentos de tu oponente con agudeza y justicia.

## Cómo poner a prueba un argumento

### I. El tema en discusión

1. ¿Está claramente formulado?

(a) ¿Los términos del enunciado significan lo mismo para cada disputante? (Por ejemplo, el significado del término "caballero" podría no significar lo mismo para todos los involucrados).

b) ¿Podría surgir confusión en cuanto a su propósito?

2. ¿Está enunciado correctamente?

(a) ¿Incluye suficiente información?

(b) ¿Incluye demasiada información?

(c) ¿Podría ser confuso?

3. ¿Es una cuestión discutible?

4. ¿Cuál es el punto central?

5. ¿Cuáles son los puntos subordinados?

## II. La evidencia

1. Los testigos sobre los hechos

(a) ¿Es imparcial cada testigo? ¿Cuál es su relación con el tema en cuestión?

(b) ¿Es mentalmente competente?

(c) ¿Es moralmente respetable?

(d) ¿Conoce los hechos? ¿Es un testigo ocular?

(e) ¿Es un testigo dispuesto?

(f) ¿Se contradice en su testimonio?

(g) ¿Fue corroborado su testimonio?

(h) ¿Su testimonio es contrario a los hechos o principios conocidos?

(i) ¿Es un hecho probable?

2. La autoridad citada para aportar pruebas

(a) ¿Es esta autoridad reconocida como tal?

(b) ¿Qué constituye a este testigo en una autoridad?

(c) ¿Su interés en el caso es imparcial?

(d) ¿Expresa su opinión de manera positiva y clara?

(e) ¿Es la autoridad no personal (libros, etc.) confiable y sin prejuicios?

3. Los hechos aducidos como prueba

(a) ¿Son los suficientes como para constituir una prueba?

(b) ¿Son suficientemente importantes en carácter?

(c) ¿Están en armonía con la razón?

(d) ¿Son mutuamente armoniosos o contradictorios?

(e) ¿Son admisibles, dudosos o contradictorios?

4. Los principios aducidos como prueba

(a) ¿Son axiomáticos?

(b) ¿Son verdades propias de la experiencia en general?

(c) ¿Son verdades propias de una experiencia específica?

(d) ¿Son verdades resultado de experimentación?

¿Fueron tales experimentos generales o específicos?

¿Fueron los experimentos autoritarios y concluyentes?

## III. El razonamiento

1. Inducciones

(a) ¿Son los hechos suficientemente numerosos para que la generalización sea concluyente?

(b) ¿Los hechos coinciden solo cuando se consideran a la luz de esta explicación como una conclusión?

(c) ¿Has pasado por alto algunos hechos contradictorios?

(d) ¿Son los hechos contradictorios suficientemente claros como para ser aceptados como verdaderos?

(e) ¿Se demuestra que todas las posiciones contrarias son relativamente insostenibles?

(f) ¿Has aceptado simples opiniones como hechos?

2. Deducciones

(a) ¿Esta ley o principio general están bien establecidos?

(b) ¿Esta ley o el principio incluyen claramente el hecho de que tú quieres deducir algo basado en ella?

(c) ¿La importancia de esta ley o del principio justifican su injerencia en el tema?

(d) ¿Se podría demostrar que estás exagerando?

3. Casos paralelos

(a) ¿Los casos son paralelos en suficientes puntos como para justificar una inferencia de causa o efecto similar?

(b) ¿Son paralelos en el punto vital en cuestión?

(c) ¿Ese paralelismo es válido?

d ¿No existen otros paralelismos que apunten a una conclusión contraria más fuerte?

4. Inferencias

(a) ¿Las condiciones o antecedentes podrían producir argumentos en contra? (Carácter y oportunidades del acusado, por ejemplo).

(b) ¿Las condiciones son claras o lo suficientemente numerosas como para que sean tomadas como hechos?

(c) ¿Son acumulativas y están de acuerdo una con la otra?

(d) ¿Podría haber condiciones que generen una conclusión contraria?

5. Silogismos

(a) ¿Has omitido algunos pasos en los silogismos? ¿Qué podrías hacer al respecto?

(b) ¿Has incurrido en declarar una conclusión que no sea válida?

(c) ¿Puede su silogismo ser reducido a un absurdo?

## PREGUNTAS Y EJERCICIOS

1. ¿Por qué una aseveración que no esté bien fundamentada no es un argumento?

2. Ilustra cómo podrías hacer que un hecho irrelevante sirva para apoyar un argumento.

3. ¿Qué inferencias se pueden hacer del siguiente texto?

"Durante la Guerra de los Boers se descubrió que el ciudadano inglés promedio no se ajustaba a los estándares de reclutamiento y que el soldado promedio mostraba en el campo de batalla un nivel bajo de vitalidad y resistencia. El Parlamento, alarmado por las desastrosas consecuencias, inició una investigación y la comisión nombrada para realizarla concluyó que el envenenamiento alcohólico era la gran causa de la degeneración nacional. Dichas investigaciones han venido siendo complementadas por nuevas investigaciones de organismos científicos y de científicos independientes que han llegado a la misma conclusión. Como consecuencia, el gobierno británico ha puesto en las calles de un centenar de ciudades unos carteles que exponen la naturaleza destructiva y degenerante del uso del alcohol apelando al pueblo en nombre de la nación para que deje de consumir bebidas alcohólicas. Bajo los esfuerzos dirigidos por el gobierno, el Ejército Británico se está convirtiendo a gran velocidad en un ejército de abstencionistas.

Los gobiernos de Europa Continental siguieron el ejemplo del gobierno británico. El gobierno francés ha señalado a Francia con llamamientos al pueblo, atribuyendo la disminución de la tasa de natalidad y el aumento de la tasa de mortalidad al uso generalizado de bebidas alcohólicas. La experiencia del gobierno alemán ha sido la misma. El emperador alemán ha declarado claramente que el liderazgo en la guerra y en la paz será sostenido por la nación que erradique de su sociedad el uso del alcohol e, incluso, se ha comprometido a eliminar el consumo de la cerveza, en la medida de lo posible, del ejército y la marina alemanes".

–Richmond Pearson Hobson ante el Congreso de los Estados Unidos

4. Define (a) silogismo; (b) refutación; (c) premisa; (d) trámite; (e) dilema; (f) inducción; (g) deducción; (h) un juicio a priori; (i) un juicio a posteriori; (j) inferencia.

5. Critica el siguiente razonamiento:

"Los hombres no deben fumar tabaco porque hacerlo es contrario a la opinión médica. Mi médico es una autoridad médica en este país y condena esa práctica".

6. Critica el siguiente razonamiento:

"Los hombres no deben jurar en nombre de Dios en vano porque está mal. Y está mal por el hecho de que es un acto contrario a la ley moral, y es contrario a la ley moral porque es contrario a las Escrituras. Es contrario a las Escrituras porque es contrario a la voluntad de Dios, y sabemos que es contrario a la voluntad de Dios porque es incorrecto".

7. Criticar este silogismo:

Premisa principal: Todos los hombres que no tienen cuidado son felices.

Premisa menor: Los eslovenos son descuidados.

Conclusión: Por lo tanto, los eslovenos son felices.

8. Criticar las siguientes premisas principales:

No todo lo que brilla es oro.

El frío puede ser expulsado por el fuego.

9.  Criticar la siguiente falacia:

    Premisa principal: Todos los hombres fuertes admiran la fuerza.

    Premisa menor: Este hombre no es fuerte.

    Conclusión: Por lo tanto, este hombre no admira la fuerza.

10. Criticar estas afirmaciones:

    El sueño es beneficioso por sus cualidades soporíferas.

    Las historias de Fiske son auténticas porque contienen relatos precisos de la Historia Americana, y sabemos que son verdaderos relatos porque, de lo contrario, no estarían contenidos en estas obras auténticas.

11. ¿Qué entiendes con respecto a las expresiones: "razonamiento de efecto a causa" y "de causa a efecto"? Dar ejemplos.

## CAPÍTULO 24

## EL USO DE LA PERSUASIÓN
## EN EL DISCURSO PÚBLICO

"Ella tiene arte propio cuando sabe jugar
con la razón y el discurso, y logra persuadir".
–Shakespeare, *Medida por medida*

"Llamamos artista a aquel que, en medio de una asamblea, toca como maestro las teclas de un piano –y viendo al pueblo furioso, lo ablanda y convence hasta conmoverlo cuando quiera, bien sea a la risa o a las lágrimas. Llévenlo ante ellos y –así estén complacidos o disgustados, enfurruñados o salvajes– él los convencerá de ejecutar lo que él les ordene".
–Ralph Waldo Emerson, *Ensayo sobre elocuencia*

Mucho bien y mucho mal se ha hecho a través de la persuasión que mediante cualquier otra forma de discurso. Persuadir es hacer un intento por influir al oyente apelando a un interés en particular que él considere importante. Su grado de motivación puede ser alto o bajo, justo o injusto, honesto o deshonesto, tranquilo o apasionado. Por lo tanto, su alcance es incomparable cuando se utiliza en público.

Este "deseo de convicción", para usar la expresión de Matthew Arnold, es en sí mismo un proceso complejo ya que, por lo general, incluye la argumentación y a menudo emplea la sugerencia, –como se ilustrará en el siguiente capítulo. De hecho, hay pocos discursos públicos que sean dignos de llamarse de esa manera y que no sean en cierta forma persuasivos porque el ser humano rara vez habla solo para alterar las opiniones de los demás –el propósito ulterior es casi siempre una invitación a actuar.

La naturaleza de la persuasión no es solo intelectual; en gran parte, también es emocional. Utiliza todos los principios de hablar en público y cada "método de discurso" –para usar la expresión de un retórico–, pero su peculiaridad consiste en complementar el argumento con algún atractivo especial. Lo veremos mejor al examinar los métodos de persuasión.

## Métodos de persuasión

Para persuadir se requiere de un conocimiento profundo de la motivación humana en general, así como de una comprensión de la audiencia hacia la cual nos dirigimos. ¿Cuáles son los motivos que animan a los hombres a la acción? Piensa en ellos, ponlos en tu mente y estudia cómo apelar a ellos dignamente. Entonces, ¿qué motivos podrían atraer a tus oyentes? ¿Qué ideales e intereses tienen ellos en la vida? Un error en tus cálculos te costaría caro. Apelar al orgullo de la apariencia haría reír a tus oyentes. Estudia a tu audiencia, asegúrate de lo que quieres decir, y cuando percibas que estás levantando una chispa, haz que esta se convierta en una llama haciendo uso de cada recurso honesto que posees.

Cuanto mayor sea tu audiencia, más seguro estarás de encontrar una base universal de apelación. Una pequeña audiencia de solteros no se entusiasmará con la importancia de un seguro para muebles;

pero la mayoría de la gente sí se siente motivada, por ejemplo, frente al deseo de defender la libertad de prensa.

Por lo general, las propagandas de los medicamentos comienzan hablando de nuestros dolores —es decir, mencionando nuestros intereses. Si primero hablaran del tamaño y de la importancia de su marca, o de la eficacia de su remedio, los consumidores nunca leeríamos, ni veríamos ese anuncio. Pero si esa propaganda logra hacer que tú pienses que tiene problemas nerviosos, hasta implorarías para que te dieran ese remedio —y no tendrían que tratar de vendértelo.

Los fabricantes de medicinas están implorando —pidiéndote que inviertas tu dinero en sus productos, pero sin que parezca que eso es lo que ellos están haciendo. Se ponen de tu lado y despiertan en ti un deseo apelando a tus propios intereses.

Hace poco un vendedor de libros entró en una oficina de abogados en Nueva York y preguntó: "¿Quieres comprar un libro?" Si el abogado quisiera un libro, es muy probable que lo habría comprado sin esperar a que un vendedor de libros se lo sugiriera. Ese vendedor cometió el mismo error que aquel que hizo su oferta de venta diciendo: "Quiero venderle una máquina de coser". Ambos hicieron sus propuestas, pero solo en términos de sus propios intereses.

El promotor exitoso debe convertir sus argumentos en ventajas para sus oyentes. La Humanidad sigue siendo egoísta, está interesada solo en aquello que le servirá. Elimina de tu discurso tu propia preocupación personal y presenta tu apelación en términos del bien general. Para hacerlo, tienes que ser sincero. Es mejor no defender ninguna causa que no sea para el bien de tu audiencia. Observa cómo el Senador Thurston en su petición de intervención en Cuba, así como el Sr. Bryan en su discurso de "Cruz de Oro", se constituyeron en apóstoles de la Humanidad.

La exhortación es una forma de discurso altamente apasionada que el orador usa con frecuencia para despertar en la gente un sentido del deber e inducirla a decidir su punto de vista personal. Los grandes predicadores, como los grandes abogados del jurado, siempre han sido maestros de la persuasión.

Observa la diferencia entre estas cuatro exhortaciones, y analiza los motivos apelados:

"¡Venganza! ¡Es hora de tomarla! ¡Búsquenlo! ¡Quémenlo! ¡Abran fuego! ¡Mátenlo! ¡Mátenlo! ¡No dejen vivir a un traidor!"

–Shakespeare, *Julio César*

"Ataca hasta que tu último enemigo armado expire.
Defiende tus altares y tus tierras,
y las tumbas de tus padres,
¡y tu tierra natal!"

–Fitz-Greene Halleck, *Marco Bozzaris*

"Créanme, caballeros, si no fuera por esos niños, él no habría venido aquí hoy a buscar semejante remuneración; por vuestro veredicto, podéis evitar que esos pequeños desgraciados inocentes se conviertan en mendigos errantes y en huérfanos sobre la faz de la tierra. Oh, sé que no necesito pedir vuestra misericordia; ni necesito convenceros de vuestra compasión; apelaré a vuestra justicia. Yo no os conjuro, no como padres, sino como maridos; no como maridos, sino como ciudadanos; no como ciudadanos, sino como hombres; no como hombres, sino como cristianos; por todas tus obligaciones públicas, privadas, morales y religiosas; por el hogar profanado; por el hogar desolado; por los cánones del Dios viviente, salvad, oh, vuestros hogares del contagio, vuestro país del crimen, y tal vez a miles, aún no nacidos, de la vergüenza, del pecado y del dolor de este ejemplo".

–Charles Phillips, *Appeal to the jury in behalf of Guthrie*

"Así que acudo a los hombres vestidos de seda que bailaban la música hecha por los esclavos y la llamaban libertad; a los hombres con sombreros de corona de campana que llevaban a Hester Prynne a su vergüenza y la llamaban religión; al americanismo que levanta sus manos en contra del mal. Apelo a los patriarcas de Nueva Inglaterra a los poetas de Nueva Inglaterra; desde Endicott hasta Lowell; desde Winthrop hasta Longfellow; desde Norton hasta Holmes. Y apelo en el nombre y por los derechos de esa ciudadanía común, de ese origen común, tanto del puritano como del caballero. Que el pasado muerto, consagrado por la sangre de sus mártires, no por sus odios salvajes, oscurecido tanto por el rey de la guerra como por el sacerdocio, quede muerto entre los muertos. Que el presente y el futuro suenen con el canto de los cantantes. Benditas sean las lecciones que enseñan, las leyes que hacen. Bendito sea el ojo para ver, la luz que revelar. Bendita sea la tolerancia, sentada siempre a la diestra de Dios para guiar el camino con la palabra de amor. Bendecido sea todo lo que nos acerca más a la meta de la verdadera religión, el verdadero republicanismo y el verdadero patriotismo. Creamos en nuestro país y en nosotros mismos. No fue Cotton Mather, sino John Greenleaf Whittier quien gritó:

'Querido Dios y Padre de todos nosotros,

Perdónanos por creer en mentiras crueles,

Perdona la ceguera que nos ciega.

Derribar nuestros ídolos

Nuestros altares sangrientos. Haznos verte

¡A Ti en Tu Humanidad!"

–Henry Watterson, *Puritan and Cavallier*

Goethe, al ser reprochado por no haber escrito canciones de guerra contra los franceses, respondió: "En mi poesía nunca me he engañado. ¿Cómo podría haber escrito canciones de odio sin odio?" Tampoco es posible alegar con plena eficacia una causa por la cual no te sientas profundamente motivado. El sentimiento es contagioso porque la creencia es contagiosa. El orador que hable con sentimiento real respecto a sus propias convicciones inculcará sus sentimientos en sus oyentes. Sinceridad, fuerza, entusiasmo y, sobre todo, sentimiento, esas son las cualidades que mueven multitudes y hacen irresistibles los llamamientos. Son de una importancia mucho mayor que los principios técnicos sobre cómo transmitir un mensaje, la eficacia de la gesticulación o lo pulido de una exposición. Todo esto es significativo, ya que no hay duda de que debemos tenerlo en cuenta. Sin embargo, basa tu apelación sobre la razón, pero no termines en el sótano —deja que el edificio se levante, lleno de profunda emoción y noble persuasión.

## PREGUNTAS Y EJERCICIOS

1. Haz un discurso corto usando la persuasión.

2. ¿Qué otros métodos de persuasión conoces?

3. ¿Es más fácil persuadir a las personas para que cambien su conducta que persuadirlas de continuar en un rumbo determinado? Da ejemplos que apoyen tu opinión.

4. ¿Hasta qué punto debemos persuadir a los demás para que adopten una idea nuestra en beneficio propio?

5. ¿El mérito del mensaje tiene alguna relación con el mérito de los métodos utilizados?

6. Haz un breve discurso sobre el valor de la habilidad para persuadir.

7. ¿La persuasión efectiva produce siempre convicción?

8. ¿Es justo que el abogado apele a las emociones de un jurado en un juicio por asesinato? ¿Por qué?

9. ¿Debe el juez usar la persuasión para ejercer su cargo? ¿Por qué?

## CAPÍTULO 25

## INFLUENCIANDO A LAS MULTITUDES

> "El éxito en los negocios gira en torno a tocar la imaginación de las multitudes. La razón por la cual los predicadores de esta generación tienen menos éxito en conseguir que la gente ame la bondad consiste en que los hombres de negocios están haciendo que las multitudes quieran automóviles, ropa y lujos, y lo consiguen porque ellos están estudiando muy de cerca y con ahínco la naturaleza humana. Así han conseguido entender mejor en qué consiste el arte de tocar la imaginación de las muchedumbres".
> –Gerald Stanley Lee, *Crowds*

A principios de julio de 1914, una colección de franceses en París, o de alemanes en Berlín, no atraían la atención de las multitudes. Cada individuo tenía sus propios intereses y necesidades especiales y no había ninguna idea poderosa común para unificar a las masas. En ese entonces, un grupo se conformaba solamente por unos cuantos individuos. Un mes más tarde, cualquier grupo de franceses o alemanes conformaba una multitud: el patriotismo, el odio, un temor común, un dolor penetrante, habían unificado a los individuos.

La sicología de la multitud es muy diferente de la sicología de los miembros individuales que la componen. La multitud es una entidad distinta. Los individuos refrenan y someten muchos de sus impulsos a lo que les dicta su razón. La multitud nunca razona. Solo siente. Como personas, hay un sentido de responsabilidad vinculado a nuestras acciones, pero ese mismo sentido se pierde en la multitud debido a la gran cantidad de gente que la conforma. La multitud es sumamente sugestionable y actuará basada en las ideas más salvajes y extremas. La mente de la multitud es primitiva y tiende a respaldar y realizar planes y acciones que sus miembros repudiarían por completo.

Una multitud es simplemente un grupo muy amplio de gente. La descripción de Ruskin es apropiada: "Usted puede hablarle a una multitud de cualquier cosa; sus sentimientos pueden ser –casi siempre son– generosos y correctos, pero no tiene ningún fundamento para ellos, ni tampoco los mantiene. Usted puede hablarle a una multitud de lo que usted quiera. Ella adquiere determinada manera de pensar casi que por contagio. Capta una opinión como se adquiere un resfriado y no existe un rumor que sea lo suficientemente pequeño que no rugirá salvaje en manos de una multitud, ni tampoco habrá nada tan grande como para que ella no lo olvide en el transcurso de una hora –cuando ya es pasado".

La Historia nos mostrará cómo funciona la mente de la multitud actual. La mente medieval no era dada al razonamiento; el hombre medieval le atribuía gran peso a la autoridad; el papel de la religión ejercía gran importancia en las emociones de la gente. Estas condiciones se convirtieron en un enorme fundamento para la propagación de la mente de la muchedumbre cuando, en el siglo XI, la flagelación, como un acto de autocastigo voluntario, era predicado por los monjes. La sustitución de la flagelación por la recitación de los salmos penitenciales fue defendida por los reformadores y hasta se creó una escala en la que mil golpes equivalían a diez salmos y quince mil a todo el salterio. Esta manía se esparció a gran velocidad entre las multitudes. Fraternidades flagelantes surgieron. Los presbíteros comenzaron a cargar por las calles grandes procesiones recitando oraciones y azotando sus cuerpos ensangrentados con correas de cuero con cuatro puntas de hierro. El Papa Clemente denunció esta práctica y varios de los líderes de estas procesiones tuvieron que ser quemados en la hoguera antes de que el frenesí de la autoflagelación pudiera ser desarraigado.

Toda Europa Occidental y Central se convirtió en una multitud debido a la predicación de las cruzadas y millones de seguidores del Príncipe de la Paz se precipitaron a Tierra Santa para matar a los paganos. Incluso los niños comenzaron una cruzada contra los sarracenos. El espíritu de la muchedumbre era tan fuerte que los afectos ni la persuasión podían prevalecer contra ella y miles de bebés murieron en los intentos de la gente por alcanzar y redimir el Sepulcro Sagrado.

En la primera parte del siglo 18 surgió la Compañía del Mar del Sur en Inglaterra. Gran Bretaña se convirtió en una multitud especulativa. Las acciones de la Compañía del Mar del Sur subieron de 128 puntos en enero, a 550 en mayo y a 1.000 en julio y se vendieron cinco millones de acciones. La especulación se desató. Se organizaron cientos de empresas. Una fue formada "por una rueda de movimiento perpetuo". Otra nunca se preocupó ni siquiera por dar ninguna razón para tomar el dinero de sus suscriptores, sino que, simplemente, anunció que estaba organizada "por un diseño que sería promulgado en lo sucesivo". Los propietarios comenzaron a vender y se produjo pánico por todas partes. Las acciones de la Compañía del Mar del Sur cayeron 800 puntos en unos días y más de mil millones de dólares se evaporaron en esta era de especulación frenética.

La quema de brujas en Salem, la manía de oro de Klondike y las 48 personas que fueron asesinadas por las turbas en los Estados Unidos en 1913 son ejemplos frecuentes del efecto del pensamiento colectivo en los Estados Unidos.

## La multitud debe tener un líder

El líder de una multitud es un factor determinante. Él es quien se da a la tarea de unificar a sus miembros e inspirarlos con su entusiasmo y viceversa. La multitud actúa como él sugiere. La gente en masa no tiene conclusiones muy acertadas sobre ningún tema fuera de sus propias esferas pequeñas; pero, cuando se convierte en una multitud, está perfectamente dispuesta a aceptar las opiniones y se apropia de ellas. La multitud seguirá a un líder a toda costa –en los problemas laborales, prefiere seguir a un líder que obedecer a su gobierno; en la guerra, seguirá a un líder aunque tenga que esconderse entre la maleza y enfrentar armas en su contra aunque funcionen a catorce revoluciones por segundo. La mafia se despoja de la fuerza de voluntad y obedece ciegamente a su dictador. El gobierno ruso, reconociendo la amenaza de la muchedumbre, solía prohibir las manifestaciones públicas. La Historia está llena de ejemplos similares.

## Cómo se crea una multitud

Hoy en día la multitud es un factor tan real en nuestra sociedad como lo son los magnates y los monopolios. Es un problema demasiado complejo como para solo condenarlo o aplaudirlo. El problema actual es cómo sacar lo mejor y lo máximo del espíritu de la multitud. El orador público también se enfrenta a esa misma pregunta. Su influencia se multiplicará si él logra transmutar su audiencia en una multitud. Las afirmaciones del orador deberán ser las conclusiones de la multitud y lo logrará unificando las mentes y las necesidades de la audiencia y despertando sus emociones. Sus sentimientos, no su razón, están en manos del criterio y la honestidad del orador. Esto ocurre en el escenario y va de acuerdo con el plan de ataque del orador para ganar a su audiencia.

Es imposible convertir a una audiencia en una multitud sin apelar a las emociones de los asistentes. ¿Te imaginas que un grupo promedio se convierta en una multitud mientras escuchas una conferencia sobre pescar con moscas secas? ¿O sobre el arte egipcio? No se habría necesitado de una elocuencia de talla mundial para convertir a toda la audiencia de Ulster, en 1914, en una multitud discutiendo sobre el *Home Rule Act*. El espíritu de la muchedumbre depende en gran medida del tema usado para fundir individuos en un todo brillante.

Un buen observador estará interesado en detectar cuáles son esas diversas estrategias que utilizará un actor para obtener las primeras risas y aplausos del público. Su observación deberá ser muy aguda porque él sabe que una audiencia de individuos es una audiencia de críticos indiferentes, pero una vez los haga reír juntos y esa risa de cada uno convierte a las personas en una multitud, todo el teatro aplaudirá al artista y él habrá triunfado.

Las multitudes no han cambiado su naturaleza a través de los tiempos y la única ley para convertirte en el más grande predicador o en el mejor orado es que debes conseguir fundir a los espectadores en una sola audiencia a través de tu mensaje. Las estrategias de gran orador pueden no ser tan eficaces como la del Monólogo del Vodevil, pero el principio es el mismo: trata un tema universal que haga que todos tus oyentes se sientan igual al mismo tiempo.

El evangelista hace que el solista cante alguna canción antes de que él empiece su sermón. O invita a toda la congregación a que cante –y en eso se basa la sicología de: "¡Ahora todo el mundo canta!". En que él sabe que los que no se unan a la canción están todavía fuera de la multitud. Muchas veces, el evangelista experto se detiene en medio de su charla, cuando siente que sus oyentes son unidades en lugar de una masa fundida (y un orador sensible puede sentir esa condición de manera más deprimente) y de repente invita a que todos se levanten y canten, o dice en voz alta un pasaje muy conocido, o lee al unísono; o quizás ha dejado sutilmente el hilo de su discurso para contar una historia que, a partir de su larga experiencia, él sabe que lo ayudará a llevar a sus oyentes a un sentimiento común.

Estos son recursos importantes para el orador –y feliz es el que los usa con dignidad y no como lo haría un charlatán despreciable. La diferencia entre un demagogo y un líder no es tanto una cuestión de método como de principio. Incluso el orador más digno debe reconocer las leyes eternas de la naturaleza humana. De ninguna manera se le pide que se convierta en un tramposo en la plataforma, ¡lejos de eso! Apela a esos elementos del mundo del discurso público que han sido reconocidos por todos los grandes oradores, desde Demóstenes a Sam Small, y procura siempre motivar a tus oyentes dignamente.

Es tan difícil encender entusiasmo en una audiencia dispersa como lo es hacer una hoguera con palos dispersos. Para convertir a una audiencia en una multitud debes lograr que esta sea una como una multitud. Esto no se puede hacer cuando los asistentes están muy dispersos en un gran recinto lleno de asientos o cuando muchos bancos vacíos separan al orador de sus oyentes. Haz que tu audiencia se siente de manera compacta. ¡Cuántos predicadores han lamentado el enorme edificio en el cual lo que normalmente sería una gran congregación se ha dispersado en la soledad fría y escalofriante del domingo después del servicio! El propio Obispo Brooks no podría haber inspirado una congregación de mil almas sentadas en la inmensidad de la Plaza de San Pedro en Roma. En ese santuario colosal, solo en las grandes ocasiones, la multitud llega hasta el altar mayor y a veces se usan las capillas laterales que son más pequeñas.

Los valores universales sobrecargados de sentimiento ayudan a crear la atmósfera de la multitud. Ejemplos: libertad, carácter, rectitud, coraje, fraternidad, altruismo, patriotismo y héroes nacionales. George Cohan sabía lo que hacía cuando introdujo la bandera y las canciones de la bandera en sus comedias musicales. Los regimientos de Cromwell oraron antes de la batalla y entraron en la lucha cantando himnos. El ejército francés, cantando la Marseillaise en 1914, atacó a los alemanes. Tales estrategias unificadoras despertaron los sentimientos y convirtieron a los soldados en una multitud fanática y, desgraciadamente, en asesinos más eficientes.

## CAPÍTULO 26

## EN ALAS DE LA IMAGINACIÓN

> "Pensar y sentir son dos grandes diferencias que existen entre los genios –unos razonan y los otros imaginan".
> 
> –Isaac Disraeli, personaje literario de *Men of Genius*

Es común, sobre todo entre quienes tratan con los aspectos prácticos de la vida, pensar que la imaginación tiene poco valor en comparación con el pensamiento racional. Ellos sonríen con tolerancia cuando Emerson afirma que "la ciencia no sabe lo que le debe a la imaginación" puesto que para ellos esas palabras provienen de un ensayista especulativo, filósofo y poeta. Pero cuando Napoleón –el indomable constructor de imperios– declaró que "la raza humana está gobernada por su imaginación", esa afirmación sí mereció su respeto.

Recordemos que la facultad de formar imágenes mentales es un engranaje bastante eficiente de la maquinaria mental. Y es cierto que también está ese otro engranaje vital del que fluye el pensamiento puro. Por eso es válido cuestionarnos sobre cuál de estos dos procesos es más productivo e importante para la felicidad y el bienestar del ser humano. La respuesta a este interrogante se irá haciendo más evidente a medida que avanzamos en el desarrollo de este tema.

## I. ¿Qué es la imaginación?

Si buscáramos la definición, encontraríamos una serie de variables. Sin embargo, tengamos en cuenta este hecho: al hablar de imaginación nos estamos refiriendo a la facultad o proceso de formar imágenes mentales.

En primer lugar, como su nombre lo indica, el proceso de la imaginación –porque estamos pensando en ella como en un proceso más que como en una facultad– está relacionado con el uso de la memoria en acción. Por lo tanto, veamos:

### 1. La memoria reproductiva

Vemos, escuchamos, sentimos o probamos algo, pero esa sensación, tarde o temprano, termina en algún momento. Sin embargo, somos conscientes de la mayor o menor capacidad que tenemos para reproducir esas sensaciones según lo deseemos. En general, dos consideraciones regirán la vivacidad de la imagen evocada: la fuerza de la impresión original y el poder reproductivo de una mente en comparación con otra. Sin embargo, cualquier persona normal tiene la capacidad de evocar imágenes con cierto grado de claridad.

El hecho de que no todas las mentes posean esta facultad de imaginar más o menos en igual medida tendrá un papel significativo en el estudio que haga el orador público sobre esta cuestión. Ninguna persona que no siente al menos algunos impulsos poéticos aspirará seriamente a ser poeta; sin embargo, muchos cuya capacidad imaginaria es tan poco desarrollada que hasta llegan a parecer realmente muertos aspiran a ser oradores públicos. A todos ellos les decimos con seriedad: despierta en ti el don de crear imágenes porque, incluso en el discurso más calculado y lógico, la imaginación será de gran ayuda. Es importante que descubras de inmediato cuán completa y confiable es tu imaginación ya que es posible cultivarla —así como abusar de ella.

Francis Galton manifestó: "Los franceses parecen poseer un alto grado en su facultad de visualización. La capacidad peculiar que muestran en la organización previa de ceremonias y fiestas de todo tipo, así como su indudable genialidad para la táctica y la estrategia, muestran que ellos son capaces de predecir efectos con una claridad inusual; su ingenio en todos los artificios técnicos indica lo mismo y también su singular claridad de expresión: su dicho "*figurez-vous*" —o "imagínense", demuestra de cierta manera esa gran capacidad de percepción propia en ellos. Sin embargo, nuestro concepto de "imagen" es ambiguo".

Las personas difieren en este aspecto muy marcadamente. Por ejemplo, los holandeses provienen de los franceses, pero eso no indica que sean tan imaginativos como ellos. Veamos, por ejemplo, seis de los tipos más conocidos de "imagen" y veamos en la práctica cómo surgen en nuestras propias mentes.

De todas las diversas clases de imagen, la más común es (a) la imagen visual. Los niños que recuerdan con mayor facilidad lo que ven que lo que oyen tienen, según los sicólogos, "memoria visual". La mayoría de nosotros la tiene. Cierra los ojos ahora y recuerda la escena alrededor de la mesa a la hora del desayuno de esta mañana. Quizá no hubo nada sorprendente en la escena y, por lo tanto, la imagen que viene a tu mente tampoco es sorprendente. Ahora, recuerda otra escena también alrededor de la mesa, pero que haya sido una experiencia inolvidable para ti —observa lo vívida que viene a tu mente porque en ese momento lo que sentías era, seguramente, una emoción muy fuerte. En ese entonces tal vez no fuiste consciente de qué tanto esa escena se estaba apoderando de ti porque a menudo estamos tan atentos a lo que vemos que no nos fijamos en el hecho de que nos está impresionando. Es sorprendente descubrir qué tan capaces somos de reproducir una imagen de una escena cuando ha transcurrido largo tiempo entre el momento que ocurrió y el instante en que la estamos recordando.

(b) La memoria auditiva es quizá la siguiente más vívida de nuestras experiencias recordadas. Aquí la asociación es potente para sugerir similitudes. Cierra tus ojos y escucha el peculiar sonido agudo del trueno entre las montañas. O la imagen (en este caso parece una palabra incorrecta ya que parece que hiciera referencia solo a lo visto), o el sonido de un perro sabueso que te está persiguiendo. Ahora, tú elige tu propio sonido y observa qué tan agradable o terriblemente real es cuando viene a tu mente.

(c) La memoria motriz compite de cerca con la auditiva por el segundo lugar. ¿Alguna vez has despertado en la noche y cada uno de tus músculos está tenso porque estabas soñando que te esforzabas para no chocar tu carro contra una pared? ¿O con tu cabeza firmemente pegada a la cabecera de tu cama? ¿O recuerdas el movimiento de aquel barco mientras decías interiormente, "¡Todo me da vueltas!"? La peligrosa sacudida de un tren, el descenso repentino de un ascensor o la inesperada caída de una mecedora servirían como ejemplos adicionales de lo que es la memoria motriz.

(d) La memoria gustativa es bastante común –y el recuerdo del sabor al comer limones es el mejor ejemplo de ella. A veces, el placentero recuerdo de una deliciosa cena hará que la boca se te llene de agua aun años después; o la "imagen" de una medicina particularmente atroz te hará arrugar la nariz mucho después de un día miserable de tu infancia.

(e) La memoria olfativa es aún más delicada. Hay quienes tienden a enfermarse por el recuerdo de ciertos olores, mientras que otros experimentan las más deliciosas sensaciones por el surgimiento de agradables imágenes olfativas.

(f) La memoria táctil, por no mencionar otra, es casi tan potente. ¿Te estremeces ante la idea de tocar terciopelo con las puntas de los dedos con tus uñas cortas? ¿O alguna vez te "quemaste" tocando un bloque de hielo o algo congelado? O un recuerdo táctil más feliz: ¿todavía puedes sentir el toque de la mano de un ser querido que hoy está ausente?

Observemos que pocas de estas imágenes están presentes solas en nuestra mente, y más bien ocurren en combinación: la vista y el sonido de una avalancha que cae son una sola imagen; el destello y el sonido del tiro de un cazador que llegó tan cerca de nosotros causándonos un gran susto.

Así que, la memoria, especialmente la reproductiva consciente, se convertirá en una parte valiosa de nuestros procesos mentales en proporción a como la dirijamos y controlemos.

## 2. La memoria productiva

Todos los ejemplos anteriores, y sin duda también muchos de los experimentos que tú mismo hiciste, son meramente reproductivos. Aunque las imágenes son placenteras u horribles, son mucho menos importantes que las imágenes evocadas por la memoria productiva, aunque estas no implican una habilidad distinta.

Trae a tu memoria, por ejemplo, alguna escena en la que estás en un lugar donde te ocurrió algo especial, pero ubicando la imagen en el momento antes de lo que te pasó allí. Hasta ese momento, la memoria es puramente reproductiva. Pero ¿qué siguió? Deja que tu fantasía vague con total libertad: las escenas siguientes son productivas porque tu mente estará inventando de forma más o menos consciente algo irreal sobre la base de lo que en realidad pasó.

Es justo en este punto donde el soñador, el poeta y el orador público identificarán el valor de la memoria productiva. Es cierto, los pies del ídolo que tú edificas están en la tierra, pero su cabeza perfora las nubes, es decir, es un hijo de la tierra y del cielo a la vez.

Un hecho que es importante notar aquí es que la imaginación es un activo mental valioso en proporción a cómo esté controlada por el poder intelectual superior de la razón pura. Una persona que no sea muy versada les atribuye una importancia indebida a cosas que no la tienen, según sea su imaginación. Confunde fácil lo real con lo irreal y para ella tanto lo uno como lo otro son de igual valor. Pero alguien con cierta formación los distingue casi de inmediato y evalúa cada uno con alguna, si no con perfecta, justicia.

Por lo tanto, vemos que la imaginación sin restricciones puede ser como un barco sin timón; pero esta capacidad, bien desarrollada, suele tener efectos y resultados maravillosos.

El juego de ajedrez, un plan táctico de guerra, la solución de un teorema geométrico, la elaboración de una gran campaña de negocios, la eliminación de residuos en una fábrica, el desenlace de un drama poderoso, la superación de un obstáculo económico, componer un poema sublime y lograr la convicción de una audiencia pueden, o mejor dicho, deben ser primero concebidos en una imagen y luego llevados a la realidad de acuerdo con los planes y especificaciones establecidos por algún genio moderno e imaginativo. El granjero que se contente con la semilla que posee no tendrá cosecha. No te sientas satisfecho con la capacidad que tengas de recordar imágenes, sino cultiva tu imaginación creadora construyendo "aquello que podría ser" sobre el fundamento de "lo que ya es".

## II. Los usos de la imaginación en el discurso público

En este momento ya habrás intentado hacer alguna aplicación general de estas ideas al arte del discurso público, pero refirámonos a varios usos específicos.

## 1. Usa tu imaginación durante la preparación del discurso

(a) Fija la imagen de tu audiencia ante ti a medida que preparas tu discurso. En general, debes conocer a tu audiencia antes de hacerte una imagen de ella. Procura imaginar cuál irá a ser su estado de ánimo y su actitud hacia la ocasión, hacia el tema y hacia el orador.

(b) Concibe tu discurso como un todo a medida que vas preparando sus partes, de lo contrario no podrás ver –imaginar– cómo encajan todas ellas.

(c) Imagina cuál será el estilo del lenguaje que usarás. Por ejemplo, si usarás un discurso escrito o espontaneo. El hábito de la imagen te dará la opción de usar las figuras variadas del discurso y te ayudará a recordar, por ejemplo, que un mensaje sin comparaciones frescas es como un jardín sin flores. No te contentes con la primera figura que te venga a la mente y deja fluir tu proceso de escritura, pero recuerda que las comparaciones vívidas agudizan tu pensamiento como el acero en la punta de la lanza.

## 2. Imagina la forma en que vas a transmitir tu discurso

Una vez que la pasión de tu mensaje se apodera de ti y tú estás transmitiéndolo emocionado, tu estado de humor se hará evidente ante el público.

Entonces (a) revive la imagen grata de una emoción pasada o de otros lugares. Los actores reviven sus viejos sentimientos cada vez que interpretan sus líneas.

(b) Reconstruye en tu mente la escena de lo que debes describir.

(c) Imagina la escena en un entorno real, de modo que tu voz y tus movimientos (gestos) fluyan de manera convincente. En lugar de limitarse a declarar el hecho de que el whisky arruina las familias, el orador experto se imagina a un borracho que regresa a casa para abusar de su esposa y golpear a sus hijos. Esa imagen es mucho más eficaz que decir la verdad en términos abstractos. Para describir la crueldad de la guerra, no afirmes el hecho de manera abstracta: "La guerra es cruel". Describe al soldado arrastrándose por un barranco, acostado en el campo de batalla pidiendo agua; muestra a los niños con sus rostros manchados de lágrimas contra el cristal de una ventana rezando para que su padre muerto vuelva. Evita términos generales y prosaicos. Describe imágenes para que la imaginación de tu audiencia construya sus propios cuadros.

## III. Cómo adquirir el hábito de imaginar

¿Te acuerdas del estadista norteamericano que afirmó que "la mejor forma de resumir es resumiendo"? La aplicación es obvia. Desde los primeros análisis simples de este capítulo estás probando tu propia capacidad de crear imágenes. Uno a uno practicaste los varios tipos de imágenes. A continuación, añade –e incluso inventa– otras muchas imágenes compuestas y complejas, como el ruido combinado de una multitud, junto con la molestia de los empujones y el olor del sudor de la gente cuando está animada.

Después de practicar las imágenes reproductivas, comienza con las productivas y adéntrate en el fino mundo de la fantasía. Además, entrénate en el uso del lenguaje figurativo. Aprende primero a distinguir y luego a utilizar sus variadas formas. Cuando se utiliza con moderación, nada puede ser más eficaz que el tropo; pero una vez dejes que la extravagancia entre por la ventana, el poder huiría por la puerta.

Y sea lo que sea, trabaja siempre en el dominio de tus imágenes, –no dejes que ellas te dominen.

## PREGUNTAS Y EJERCICIOS

1. Da ejemplos de cada tipo de memoria reproductiva.

2. Define (a) fantasía; (b) visión; (c) fantasmagoría.

3. Define y da dos ejemplos de cada una de las siguientes figuras del discurso. (a) símil; (b) metáfora; (c) metonimia; (d) sinécdoque; (e) apóstrofe; (f) visión; (g) personificación; (h) hipérbole; (i) ironía.

4. (a) ¿Qué es una alegoría? (b) Da un ejemplo. (c) ¿Cómo podía utilizarse una breve alegoría como parte de un discurso público?

5. Elige una fábula corta con el fin de usarla en uno de tus discursos. Sigue ya sea la forma antigua (Esopo) o la moderna (George Ade, Josephine Dodge Daskam).

6. ¿Qué entiendes por "el presente histórico"? Ilustra cómo se puede utilizar (SOLO ocasionalmente) en un discurso público.

7. Recuerda algún disturbio en la calle y (a) descríbelo como lo harías en el escenario; (b) imagina lo que precedió al disturbio; (c) imagina lo que siguió; (d) conecta el todo en una narración concisa y dramática, y cuéntalo en el escenario prestando especial atención a todo lo que has aprendido del arte de la oratoria.

8. Haz el mismo ejercicio con otros incidentes que hayas visto, oído o leído en los periódicos.

# CAPÍTULO 27

## AMPLIANDO EL VOCABULARIO

"Los niños que vuelan cometas, vuelan en sus pájaros de alas blancas;
No puedes hacer eso cuando estás volando entre palabras.
'Cuidado con el fuego', es un buen consejo,
"Cuidado con las palabras", es diez veces mejor consejo.
Los pensamientos no expresados muchas veces caen muertos;
Pero, cuando se dicen, ni Dios mismo no puede matarlos".
–Will Carleton, *The First Settler Story*

El término "vocabulario" tiene un significado específico, así como un significado general. Es cierto que todo el vocabulario está fundamentado en las palabras cotidianas del lenguaje, de las cuales surgen vocabularios específicos, pero cada grupo específico posee un número de palabras de valor peculiar para sus propios referentes. Estas palabras pueden usarse también en otros grupos de vocabulario, pero el hecho de que estén adaptadas a un único orden de expresión les da un valor especial con un significado particular.

En este sentido, el orador público no se diferencia en absoluto del poeta, del novelista, del científico ni del viajero. Él debe añadirle a su acción cotidiana palabras de valor durante la presentación pública de sus ideas. Un estudio de los discursos de los oradores eficaces revela el hecho de que ellos tienen un aprecio especial por las palabras que significan poder, amplitud, velocidad, acción, color, luz y todos sus opuestos. Con frecuencia, los oradores emplean palabras que manifiestan las diversas emociones –palabras descriptivas. Los adjetivos utilizados en combinaciones frescas con los sustantivos y los epítetos adecuados son de libre uso pues la naturaleza del discurso público permite el uso de palabras ligeramente exageradas que, al llegar al oyente, dejarán una impresión apenas justa.

## Forma el hábito de anotar palabras de los libros

Manejar una palabra implica tres aspectos: conocer sus significados especiales y amplios; conocer su relación con otras palabras y poder usarla. Cuando veas u oigas una palabra familiar usada en un sentido desconocido, escríbela, búscala y aprende a usarla. Tengo en mente a un gran orador que adquirió su vocabulario al anotar todas las nuevas palabras que escuchaba o leía. Él, no solo las anotaba, sino que se aseguraba de comprenderlas y ponerlas en uso. Pronto, su vocabulario se hizo extenso, variado y exacto. Usa una palabra nueva con precisión cinco veces y es tuya. El Profesor Albert E. Hancock afirmó: "El vocabulario de un autor es de dos tipos: latente y dinámico; el latente, es el que está compuesto por las palabras que él entiende; el dinámico, lo conforman las que él puede usar con facilidad. Toda persona inteligente sabe todas las palabras que necesita, pero no las tiene listas para darles un servicio activo. El problema de la dicción literaria consiste en convertir lo latente en dinámico". Tu vocabulario dinámico es el que debes cultivar más que ningún otro.

En su ensayo sobre "*A College Magazine*" en el volumen, *Memories and Portraits*, Stevenson muestra cómo él pasó de la imitación a la originalidad en el uso de las palabras. Se refería en particular a la formación de su estilo literario, pero las palabras son la materia prima del estilo y su excelente ejemplo bien puede ser seguido a la perfección por el orador público. Las palabras en sus relaciones con otras palabras son mucho más importantes que las palabras consideradas en forma aislada.

"Cada vez que leo un libro o un pasaje en particular que me agrada, en el que se dice algo o se logra un efecto con propiedad, en el que existe alguna fuerza visible o algún uso acertado del estilo, debo sentarme de inmediato y dedicarme a ensayar de qué manera logro esa misma calidad. Si no tengo éxito, lo intento de nuevo, una y otra vez, y siempre fracaso; pero al menos, en estos combates vanos adquiero cierta práctica en el ritmo, en la armonía, en la construcción y en la coordinación de las partes.

Así, he jugado a ser Hazlitt, Lamb, Wordsworth, Sir Thomas Browne, Defoe, Hawthorne, Montaigne.

Esa, quiera o no, es la forma de aprender a escribir. Si la he aprovechado o no, ese es, de todos modos, el camino. Fue la manera en que Keats aprendió, –y nunca hubo una mejor capacidad para la Literatura que la de Keats.

Ese el gran beneficio de estas imitaciones. Deja que tu estudiante lo intente, aunque esté seguro de su fracaso; es muy viejo y muy cierto ese dicho de que el fracaso es el único camino hacia el éxito".

### Forma el hábito de consultar libros de referencia

No te contentes con tu conocimiento general de una palabra –eleva tu nivel de estudio hasta que hayas dominado sus diversos significado y usos. La fluidez es importante, pero la precisión es mejor. El diccionario contiene el estudio juicioso de las palabras realizado por gigantes intelectuales. Nadie que escriba efectivamente se atreva a despreciar sus definiciones y distinciones. Piensa, por ejemplo, en los diferentes significados de palabras como manto, modelo o cantidad.

Cualquier edición reciente de un diccionario completo es buena y vale la pena hacer sacrificios para adquirirla.

Los libros de sinónimos y antónimos utilizados con cautela, ya que hay pocos sinónimos idénticos en cualquier idioma, serán de gran ayuda. Piensa en la diferencia de significados que existe entre series de palabras como ladrón, malversador, bandido, merodeador, pirata y muchos más; o en las distinciones entre hebreo, judío, israelita y semita. Recuerda que ningún libro de sinónimos es confiable a menos que se utilice con un diccionario. Un tesauro de la lengua inglesa, por el Dr. Francis A. March, es caro, pero completo y confiable. De los libros más pequeños de sinónimos y antónimos hay abundancia.

Las derivaciones de las palabras son ricas en sus aplicaciones. Nuestro idioma le debe tanto a las lenguas extranjeras y ha cambiado en gran manera con el paso de los siglos; tanto, que mensajes enteros se enriquecen a partir de alguna idea escondida en el antiguo origen de una palabra. Además, la traducción es un excelente ejercicio de dominio de las palabras y concuerda muy bien con el estudio de las derivaciones.

Los libros de frases que muestran los orígenes de las expresiones más comunes nos sorprenderán a la mayoría de nosotros mostrándonos cómo es de descuidado el uso del habla cotidiana. Así, estudiar las palabras en categorías, de acuerdo con sus raíces, prefijos y sufijos es adquirir dominio sobre sus matices de significado y nos permite introducirnos en otras palabras relacionadas.

## No favorezcas un conjunto o tipo de palabras más que otro

"Hace sesenta años o más, Lord Brougham se dirigió a los estudiantes de la Universidad de Glasgow y estableció la regla de que la parte nativa (anglosajona) de nuestro vocabulario sería favorecida por encima de esa otra parte que proviene del latín y del griego. La regla era imposible de cumplir y ni siquiera el propio Lord Brougham trató seriamente de observarla jamás; y, en verdad, ningún gran escritor ha hecho el intento. Nuestra lengua es no solo altamente compuesta, sino que las palabras que la componen, como dijo De Quincey, "felizmente, se unieron". Es fácil bromear con las palabras, pero incluso Lord Brougham habría tenido dificultades para prescindir de muchas de ellas con grandilocuencia e imaginación.

El corto y vigoroso lenguaje anglosajón será siempre preferido para pasajes que requieran de empuje y de una fuerza especial, del mismo modo que el latín seguirá proporcionándonos expresiones fluidas y suaves; pero mezclar todo tipo de palabras le dará variedad al idioma —y eso es justo lo que deseamos.

## Discute las palabras con quienes las conocen

Puesto que el lenguaje que se utiliza en el escenario está relacionado con el que se usa en el habla cotidiana, hay muchas palabras útiles que podrías adquirir en conversaciones con personas cultas, y cuando tales conversaciones tomen forma de discusiones sobre los significados y usos de las palabras, resultarán doblemente valiosas. El conocimiento y el poder de las palabras contribuyen al crecimiento de la individualidad.

## Busca fielmente la palabra correcta

Los libros de referencia se triplican en valor cuando su dueño tiene una pasión por sacar los granos de sus cáscaras. Diez minutos al día harán maravillas en el conocimiento de los interesados. "Me estoy volviendo tan malhumorado con mi escritura", decía Flaubert. "Soy como un hombre cuya oreja es verdadera, pero toca mal el violín: sus dedos se niegan a reproducir los sonidos de aquello que él tiene en su interior. Entonces las lágrimas comienzan a rodar por las mejillas del pobre intérprete y el arco se cae de su mano".

Él mismo le mandó este sano consejo a su discípulo Guy de Maupassant: "Sea cual sea la cosa que uno quiera decir, no hay más que una palabra para expresarla, un solo verbo para animarla, un solo adjetivo para calificarla. Es esencial buscar esta palabra, este verbo, este adjetivo hasta que los descubras y no te satisfagas con nada más".

## PREGUNTAS Y EJERCICIOS

1. Describe cualquier discurso completo dado en este volumen y haz referencia a (a) exactitud, (b) variedad y (c) encanto en el uso de palabras.

2. Haz una breve charla sobre cualquier tema utilizando al menos cinco palabras que no han estado antes en tu vocabulario "dinámico".

3. Elabora una lista de las palabras desconocidas a medida que las vayas encontrando en los mensajes que lees.

4. Haz un breve discurso extemporáneo dando tus opiniones sobre los méritos y deméritos del uso de palabras inusuales en el discurso público.

5. Trata de encontrar un ejemplo del uso excesivo de palabras inusuales en un discurso.

6. ¿Ha utilizado libros de referencia en tus estudios sobre las palabras? Si es así, indica con qué resultado.

7. Encuentra tantos sinónimos y antónimos como sea posible para cada una de las siguientes palabras: exceso, raro, severo, hermoso, claro, feliz, diferencia, cuidado, habilidad, involucrar, beneficio, absurdo, evidente, débil, amistoso, armonía, odio, honesto, inherente.

# CAPÍTULO 28

## ENTRENANDO LA MEMORIA

"Silenciosos en las incontables cámaras del cerebro,
están unidos nuestros pensamientos por muchas cadenas ocultas.
Surge uno y ¡ay! ¡Cuántos más surgen!
¡Cada uno estampa su imagen en nuestra
mente mientras que otro vuela!
¡Guarda tus recuerdos, guárdalos! En tu inagotable mina.
¡De todo tiempo, guardas memoria!
Una nube de pensamientos te cubre,
¡y el lugar y el tiempo están sujetos a ella!"
–Samuel Rogers, *Pleasures of Memory*

Henry Ward Beecher fue capaz de pronunciar uno de los mejores discursos del mundo en Liverpool debido a su excelente memoria. Al referirse a esa ocasión, Beecher afirmó que todos los acontecimientos, argumentos y apelaciones que había escuchado, leído o escrito hasta ese momento parecieron desfilar ante su mente como armas de oratoria y allí, de pie, él solo tenía que extender la mano y "atrapar" todo lo que iba cruzando por su mente. Ben Jhonson tenía la capacidad de repetir todo lo que había escrito. Scaliger memorizó La

Ilíada en tres semanas. Locke aseveró: "Sin memoria, el hombre es un infante perpetuo". Quintiliano y Aristóteles la consideraban la mejor forma de medir a un genio.

Ahora, todo esto es muy interesante. Todos estamos de acuerdo en que una memoria fiable es una posesión invaluable para el orador. Jamás discreparíamos ni por un solo instante cuando nos dicen que la memoria de todos estos prodigios debió ser un almacén del que sacaban a gusto toda clase de hechos, fantasías e ilustraciones. ¿Pero puede la memoria ser entrenada para actuar como el guardián de todas las verdades que hemos obtenido de nuestros pensamientos, lecturas y experiencias? Y si es así, ¿cómo lograrlo? Veamos.

Hace veinte años, un humilde muchacho inmigrante, empleado como lavavajillas en Nueva York, entró a Cooper Union y empezó a leer una copia del libro de Henry George, *Progress and Poverty*. Su pasión por el conocimiento se despertó y él se convirtió en un asiduo lector, pero empezó a darse cuenta que no lograba recordar lo que leía y entonces comenzó a entrenar su débil memoria hasta convertirse en la persona con la memoria más prodigiosa del mundo. Este hombre era Felix Berol. El Sr. Berol podía decir cuánta era la población de cualquier ciudad del mundo, de más de cinco mil habitantes; también recordaba los nombres de cuarenta desconocidos que acababan de presentarle y decía a quién de ellos le habían presentado en tercer, octavo, décimo séptimo o en cualquier orden; recordaba la fecha de cada acontecimiento importante de la Historia Universal y no solo recordaba una infinidad de hechos, sino que los correlacionaba a la perfección.

¿En qué medida la extraordinaria memoria de Berol era natural y solo requería de atención? Porque su desarrollo parecía imposible de determinarse con exactitud, pero la evidencia indica claramente que, por enormes que parecieran muchos de sus retos ejercitando su memoria, él desarrolló una gran capacidad de retentiva donde antes solo existía el olvido.

No hay que esforzarse mucho para tener mala memoria, pero una buena memoria sí requiere, sin lugar a duda, de enorme trabajo. Tu poder como orador dependerá en gran medida de tu capacidad para retener impresiones y traerlas a colación cuando la ocasión las requiera. Ese tipo de memoria es como un músculo –y responde al entrenamiento.

## Qué no hacer

Es un esfuerzo mal dirigido pretender comenzar a ejercitar la memoria queriendo aprenderse de una vez las palabras de un discurso puesto que estás empezando a construir una pirámide desde su ápice. Durante años, nuestras escuelas fueron criticadas a causa de su vicioso sistema basado en el uso inadecuado de la memoria, –no solo porque era ineficiente, sino por la razón más importante: porque atrofia la mente. Ciertamente, algunas mentes están dotadas de una maravillosa facilidad para recordar cadenas de palabras, hechos y figuras, pero esas mentes rara vez son buenas en el proceso de razonamiento. La persona normal debe esforzarse y forzar su memoria para poder aprender de esta manera artificial.

Una vez más, es tormentoso intentar forzar la memoria en momentos de debilidad física o de cansancio mental. La salud es la base de la mejor acción mental –y el funcionamiento de la memoria no es una excepción.

Por último, no te conviertas en un esclavo de ningún sistema. El conocimiento de algunos aspectos de la mente y de la memoria te ayudará a funcionar de la manera más adecuada y productiva. Utiliza estos principios, ya sea que estén o no incluidos en un sistema, pero no te ates a un método que tienda a poner más énfasis en la forma de recordar que en el desarrollo de la memoria en sí. Es demasiado ridículo memorizar diez palabras para lograr recordar un hecho.

## Las leyes naturales de la memoria

Concentrar tu atención en el momento en que deseas almacenar algo en tu mente es el primer paso en el proceso de memorización –y el más importante. Olvidaste una buena parte de la lista de artículos que tu esposa te pidió que trajeras a casa principalmente porque permitiste que tu atención se desenfocara aunque fuera por un instante cuando ella te estaba hablando. La atención puede no ser atención concentrada. Cuando un sifón está cargado de gas, está lo suficientemente lleno con el vapor de ácido carbónico como para hacer sentir su potencia; una mente cargada con una idea también está cargada en un grado suficiente como para sostenerla. Demasiada carga hará estallar el sifón; demasiada atención a las trivialidades conduce a la locura. Por consiguiente, la atención adecuada es el secreto fundamental para tener buena memoria y recordar.

Por lo general, no le damos suficiente atención a un hecho cuando no nos parece importante. Casi todo el mundo ha visto dónde están las semillas en una manzana y ha memorizado la fecha de la muerte de Washington. Sin embargo, la mayoría de nosotros, quizá sabiamente, ha olvidado estos dos hechos. La pequeña cicatriz en la corteza de un árbol se cura y se borra a lo largo de una sola estación, pero las cicatrices en los árboles alrededor de Gettysburg son todavía notorias, aun después de cincuenta años. Las impresiones que recogemos a la ligera, pronto se borran. Solo recordamos las impresiones profundas. Henry Ward Beecher dijo: "Una hora intensa dejará más huella que años de ensueño". Para memorizar ideas y palabras, concéntrate en ellas hasta que estén firmes y las hayas profundizado en tu mente recordando su verdadera importancia. Escucha con la mente y recordarás lo que te digan.

¿Cómo te concentrarás? ¿Cómo aumentarías la efectividad en la lucha de un hombre en plena guerra? Una manera vital sería aumentando el tamaño y el número de sus armas. Para fortalecer tu memoria, aumenta tanto la cantidad como el impacto de tus impresiones mentales enfocando toda tu atención en ellas. La lectura distraída, o hacer otras cosas a medida que lees, destruyen la capacidad de tu memoria. Evita leer de esta forma cuando estés tratando de memorizar algo.

El medio ambiente ejerce una fuerte influencia sobre la concentración, al punto en que hemos aprendido a estar solos en medio de una multitud sin que nos moleste el ruido de la gente y de lo que nos rodea. Cuando te propones memorizar un hecho o un discurso, te será más fácil hacerlo lejos de sonidos y objetos en movimiento. Debes eliminar todas las impresiones ajenas a la que deseas grabar en tu mente.

El siguiente gran paso en la memorización es seleccionar los elementos esenciales del tema, ordenarlos y detenerte en ellos de manera intencional. Piensa con claridad en cada uno de ellos, uno tras otro. Pensar en algo específico –sin permitir que tu mente pase a algo que no es esencial– es memorizar.

La asociación de ideas es universalmente reconocida como un elemento esencial en el trabajo de la memoria. De hecho, los sistemas enteros de entrenamiento de la memoria se han fundado en este principio.

Muchos oradores memorizan solo ciertos puntos de sus discursos y los revisten con palabras en el momento de hablar. Algunos han encontrado útil recordar un esquema asociando sus diferentes puntos con objetos del lugar donde se encuentran. Al hablar de "Paz", por ejemplo, es posible que desees detenerte en el costo de la crueldad, en el fracaso de la guerra y así ir desarrollando el tema del discurso. Antes de subir al escenario, si asocias los cuatro puntos de tu discurso con cuatro objetos que haya en el recinto, esta asociación podría ayudarte a recordarlos. Es posible que tengas la tendencia a olvidar tu tercer punto, pero si recuerdas que, cuando estabas ensayando las luces eléctricas fallaron, ese bombillo de luz eléctrica te ayudará a recordar el tema. Tales asociaciones, siendo únicas, tienden a quedarse en nuestra mente. Hace poco, me encontraba hablando sobre los seis tipos de memoria –visual, auditiva, motriz, gustativa, olfativa, y táctil– y formé a propósito el término VAMGOT con las iniciales de cada una de ellas y así logré recordar los seis puntos fácilmente.

De la misma manera asociativa los niños aprenden a recordar la ortografía de palabras similares –y un conductor de automóviles recuerda que dos C y luego dos H lo llevan a Castor Road, Cottman Street, Haynes Street y Henry Street. Tú también puedes inventar tus propios símbolos arbitrarios para recordar los puntos importantes de tu discurso. El trabajo que haces de diseñar el esquema de tu discurso también es un ejercicio apto para incrementar tu memoria. El proceso sicológico es simple: se trata de observar con atención los pasos por los cuales un hecho, una verdad o incluso una palabra llega a tu memoria. Aprovecha esta tendencia de la mente a recordar por asociación.

La repetición es una ayuda poderosa de la memoria. Thurlow Weed, el periodista y líder político, se sentía preocupado porque observaba que se le olvidaban muy rápido los nombres de las personas que iba conociendo día a día. Corrigió esa debilidad, relata el Profesor William James, formando el hábito de prestar toda su atención en los nombres que había oído durante el día y luego se los repetía a su esposa todas las noches. Sin duda, la Sra. Weed tenía una paciencia heroica, pero esa práctica le funcionaba de manera admirable.

Después de leer un pasaje que elijas, cierra el libro, recuerda y repite en voz alta, si es posible, su contenido.

La lectura cuidadosa y en voz alta es, según muchos, una útil práctica para ejercitar la memoria.

Escribe algo que deseas recordar. Esta es, simplemente, una manera más de aumentar la cantidad y la intensidad de tus impresiones mentales. Te ayudará a arreglar un discurso en tu mente si lo dices en voz alta, lo escuchas, lo escribes y lo miras con atención. Mediante ese ejercicio habrás fijado en tu mente lo que deseas recordar a través de impresiones vocales, auditivas, musculares y visuales.

Algunas personas tienen capacidades auditivas peculiares y son capaces de recordar cosas que oyen mucho mejor que las que ven. Otros tienen memoria visual y pueden recordar más impresiones visuales. Según esto, ¿eres capaz de recordar mejor lo que ves o los sonidos? Observa qué tipos de impresiones retiene mejor tu memoria y úsalas al máximo. Para fijar una idea en tu mente, utiliza todos los tipos posibles de impresión.

El hábito diario es un gran cultivador de la memoria. Aprende la lección del corredor de maratón. El ejercicio regular fortalecerá tu memoria en gran manera. Trata de describir en detalle el vestuario, la apariencia y los ademanes de las personas que pasan por la calle; observa el recinto en el que te encuentras, cierra los ojos y describe lo que ves; mira de cerca el paisaje y haz una descripción detallada de él. ¿Qué tanto olvidaste? Observa el contenido de las vitrinas en la calle. ¿Cuántas cosas de las que viste recuerdas? Tú puedes desarrollar esta capacidad y convertirla en una gran habilidad como lo hicieron Robert Houdin y su hijo.

La memorización diaria de un hermoso pasaje en la Literatura no solo le dará fuerza a tu memoria, sino que te servirá para almacenar tu mente con gemas que después citarás. Ya sea poco o mucho, añádele diariamente poder a tu memoria a través de la práctica.

Memoriza los exteriores, el color de la madera, la orilla del río o una noche de tormenta, las calles desiertas, –todo refrescará tu mente de la misma manera que refresca las mentes de otros.

Por último, echa fuera el miedo. Proclama que tú eres capaz de recordar y lo harás. Afirma que el uso que le das a tu memoria es magnífico. Si estás obsesionado con el miedo de olvidar, no lograrás recordar. Pon en práctica lo contrario y deseche tus temores; podrás caer una o dos veces, pero lo que importa es que aprenderás a levantarte, caminar, saltar y correr.

## Memorizando un discurso

Ahora intentemos poner en práctica las sugerencias anteriores. Primero, relee este capítulo anotando las nueve maneras en que puede aprender a memorizar.

A continuación, lee el siguiente texto de Beecher aplicando todas las sugerencias que acabas de leer. Fija en tu mente el tema; toma nota mental de él: anota, si es necesario, la sucesión de ideas. Luego, memorízalas. Luego, memoriza el esquema, el orden en que se expresan las diferentes ideas. Por último, memoriza la redacción exacta.

No, aunque hayas hecho todo esto con la más fiel atención a las instrucciones que recibiste, no te parecerá fácil memorizar, a menos que hayas entrenado previamente tu memoria o que tengas buena retentiva. Solo mediante la práctica constante irás fortaleciendo tu memoria y, solo si observas continuamente estos mismos principios, tu memoria permanecerá fuerte. De todas maneras, ya comenzaste, y eso está muy bien.

## El reino de la gente común

No creo que si tuvieras que ir y mirar el experimento de autogobierno en América tendrías una muy alta opinión de él. Yo tampoco, si me detengo a observar. ¿Por qué?, dirán los hombres: "Es lógico que 60.000.000 millones de ignorantes de la ley, ignorantes de la Historia Constitucional, ignorantes de la jurisprudencia, de las finanzas, de los impuestos y aranceles, y de las formas de divisas –60.000.000 millones de personas que nunca estudiaron sobre estas cosas– no sean aptas para gobernar". Su diplomacia es tan complicada como la nuestra. Es la más complicada de la tierra porque todas las cosas crecen en complejidad a medida que se desarrollan hacia una condición superior. ¿En qué condición viven estas personas? Bueno, no es en una democracia, simplemente; es en una democracia representativa. Nuestro pueblo no vota en masa por nada; ellos escogen a líderes de pensamiento, escogen personas que sepan y las envían a legislar para que piensen por ellos, y luego el pueblo las ratifica o rechaza.

–Henry Ward Beecher.

De una conferencia pronunciada en Exeter Hall, Londres, 1886, al hacer su última gira por Gran Bretaña.

## En caso de problemas

Pero ¿qué vas a hacer si, a pesar de todos tus esfuerzos, olvidas tus puntos y tu mente se queda en blanco por un momento cuando está en el escenario? Esta es una condición bastante incómoda que a veces surge y todo orador debe saber cómo enfrentarla. Obviamente, puedes sentarte y admitir tu derrota, pero no hay lugar para derrotas en el escenario.

Caminar lentamente por la plataforma te dará tiempo para controlarte, manejar tus pensamientos y evitar un desastre. Tal vez, el método más seguro y práctico es comenzar una nueva oración con la última palabra importante que hayas dicho. Este no sería un buen método para planear un discurso –es simplemente una medida extrema que podría ayudarte a salir adelante en circunstancias extremas. Es como el Departamento de Bomberos –cuanto menos tengas que usarlo, mejor. Si sigues este método durante mucho tiempo es probable que te encuentres hablando de pudín de ciruela o de cualquier tema de la manera más insólita y por supuesto que recordarás tarde o temprano aquello que se te olvidó y volverás a tener el hilo de lo que estabas diciendo.

Veamos cómo funciona este plan –obviamente, tus palabras improvisadas carecerán un poco de pulimento, pero en tal circunstancia la crudeza es mejor que el fracaso.

Supongamos que tu mente se queda en blanco después de decir: "Juana de Arco luchó por la libertad". Mediante este método, obtendrás algo como esto:

"La libertad es un privilegio sagrado por el cual la Humanidad siempre tuvo que luchar, pero estas luchas llenan las páginas de la Historia. La Historia registra el triunfo gradual del siervo sobre el señor, del esclavo sobre el amo. El poder durante la Era Medieval fue del propietario de la tierra, quien con su lanza se apoderó de castillos enteros, pero esos castillos y esa lanza fueron de poco provecho después del descubrimiento de la pólvora. La pólvora fue la mayor bendición que la libertad ha dado a conocer".

Hasta ahora has unido una idea con otra de manera bastante obvia, pero lo que estás es procurando tranquilizarte y hasta puedes aventurarte a relajarte un poco más con la ayuda de la ilación de ideas y continuar diciendo:

"Con la pólvora el más humilde siervo de toda la tierra habría podido ponerle fin a la vida del tirano barón detrás de las murallas del castillo. La lucha por la libertad, con ayuda de la pólvora, destruyó imperios y construyó una nueva era para toda la Humanidad".

En cualquier momento habrás recordado lo que ibas a decir y habrás vuelto a tu esquema y salvado tu presentación.

Practicar ejercicios como el anterior no solo te fortalecerá contra el fracaso de tu discurso cuando tu memoria pierda el hilo de lo que ibas a decir, sino que también es un excelente entrenamiento de fluidez en el habla. Abastécete de ideas.

## PREGUNTAS Y EJERCICIOS

1. ¿Cuáles son las ayudas de memorización sugeridas en este capítulo?

2. Piensa en algún éxito que hayas obtenido con cualquiera de los planes para el fortalecimiento de la memoria sugeridos en este capítulo. Compártelo en alguno de tus discursos.

3. Critica libremente cualquiera de los métodos sugeridos.

4. Da un ejemplo del uso de la asociación de ideas para ejercitar la memoria.

5. Enumera las principales ideas de cualquier discurso contenido en este libro.

6. Repítelas de memoria.

7. Aplícalas a un discurso usando tus propias palabras.

8. ¿Qué harías, si en medio de un discurso sobre el progreso, tu memoria te falla y te detuviste repentinamente en la siguiente frase: "El siglo pasado vio un progreso maravilloso en diversos campos".

9. ¿Cuántas citas que encajan bien en el conjunto de herramientas del orador puedes recordar de memoria?

## CAPÍTULO 29

## PENSAMIENTO Y PERSONALIDAD

> "Lo que atropella la individualidad es el despotismo, sea cual sea la manera en que se le quiera llamar".
> –John Stuart Mill, *On Liberty*

> "Pensar de manera adecuada genera un buen estilo de vida y contribuye a desarrollar la facultad de apreciar lo bello de la naturaleza y el arte, el deseo por lo verdadero y lo bueno, el anhelo de vivir una vida llena de pensamientos fructíferos, de fe, esperanza y amor".
> –N. C. Schaeffer, *Thinking and Learning to Think*

La posesión más valiosa del orador es su personalidad, –ese algo indefinible e imponderable que resume lo que somos y nos hace diferentes de los demás; esa fuerza distintiva del yo que opera sensiblemente sobre aquellos cuyas vidas tocamos. Solo nuestra personalidad nos hace anhelar nuestras propias metas. Nos da nuestro sentido personal de la vida, con sus ganancias y pérdidas, y sus deberes y alegrías. "Pocas criaturas humanas", dice John Stuart Mill, "consentirían ser transformadas en cualquiera de los animales inferiores ante la promesa de la más completa concesión de los placeres de una bestia; ningún ser humano inteligente consentiría en ser un tonto; ninguna persona instruida quisiera que la tomaran por ignorante; nadie con sentimientos y conciencia querría ser egoísta a propósito; y el tonto, el tonto o el pícaro están más satisfechos con su suerte que con la de los demás... Es mejor ser un ser humano insatisfecho que un cerdo satisfecho; mejor ser un Sócrates insatisfecho que un tonto satisfecho. Y si el tonto o el cerdo opinan diferente, es porque ellos saben solo su propio lado de la cuestión. En cambio, su contraparte conoce ambos lados".

Ahora bien, es precisamente el tipo de persona como Sócrates, que vive en el plano de pensar lo correcto y restringe sus emociones, la que prefiere su estado humano al de un animal. Todo lo que un hombre es, toda su felicidad, su dolor, sus logros, sus fracasos, su magnetismo, su debilidad, todos son en gran medida, los resultados directos de su manera de pensar. Pensamiento y corazón se combinan para producir el pensamiento correcto: "Como un hombre piensa en su corazón, así es él". Como él no piense en su corazón, nunca llegará a ser.

Puesto que esto es cierto, podemos desarrollar y cultivar nuestra personalidad junto con nuestras capacidades latentes –las cuales se manifiestan a medida que las vamos desarrollando. Hace tiempo que dejamos de creer que estamos viviendo en un reino de azar. Tan claras y exactas son las leyes de la naturaleza que pronosticamos, con decenios de antelación, la aparición de un cierto cometa y pronosticamos el minuto exacto en que ocurrirá un eclipse de Sol. Y entendemos la Ley de Causa y Efecto en todos nuestros reinos materiales. No plantamos patatas y esperamos arrancar jancitos. Esta ley es universal: se aplica a nuestros poderes mentales, a la moralidad y a nuestra personalidad, tanto a los cuerpos celestes como a la semilla que plantamos en los campos. "Todo lo que el hombre sembrare, eso también segará" y nada más.

El carácter siempre ha sido considerado como uno de los principales factores del poder del orador. Cato definió al orador como *vir bonus dicendi peritus*, un buen hombre capaz de hablar. Phillips Brooks dijo: "Nadie puede ser un verdadero orador ante el mundo, a menos que esté viviendo con profundidad y pensando con sinceridad". "El carácter –dice Emerson– es un poder natural, como la luz y el calor, y toda la naturaleza coopera con él. La razón por la que sentimos la presencia de una persona y no sentimos la de otra es tan simple como la gravedad. La verdad es la esencia del ser: la justicia es la aplicación de ella a todos los asuntos.

Es absolutamente imposible que los pensamientos impuros, bestiales y egoístas florezcan en medio de hábitos amorosos y altruistas. Las semillas del cardo producen solamente cardos. Por el contrario, es totalmente imposible que los continuos pensamientos altruistas, comprensivos y útiles produzcan un carácter bajo y vicioso. Los pensamientos o sentimientos preceden y determinan todas nuestras acciones. Las acciones se desarrollan en hábitos, los hábitos constituyen carácter y el carácter determina el destino. Por lo tanto, guardar nuestros pensamientos y controlar nuestros sentimientos es darle forma a nuestro destino. Este silogismo es completo, y tan antiguo como es, aún sigue siendo cierto.

Puesto que "el carácter es la naturaleza en su máxima expresión", el jardín dejado a su propio albedrío producirá malas hierbas y plantas escamosas, pero los que son cultivados cuidadosamente florecerán en fragancia y belleza. –Así también nuestro carácter.

A medida que el estudiante que ingresa a la universidad determina en gran medida su vocación eligiendo los diferentes cursos de su plan de estudios, así también elegimos nuestro carácter eligiendo nuestros pensamientos. Estamos en ascenso constante hacia lo que más deseamos o nos hundimos a cada instante en el nivel de nuestros bajos deseos. Lo que en secreto valoramos en nuestros corazones es un símbolo de lo que recibiremos. Nuestros pensamientos nos apresuran hacia nuestro destino. Cuando ves la bandera ondeando al Sur, sabes que el viento viene del Norte. Cuando ves que la paja y las hojas vuelan hacia el Norte, te das cuenta de que el viento sopla desde el Sur. Es fácil determinar los pensamientos de una persona observando las tendencias de su carácter.

No pienses ni por un momento que todo esto es meramente una predicación basada en cuestiones morales. Es esto, pero mucho más, porque toca a todo ser humano –su naturaleza imaginativa, su habilidad para controlar sus sentimientos, el dominio de sus facultades de pensamiento y –tal vez más ampliamente– su anhelo de querer llevar sus sueños al plano de una realidad efectiva y a la acción.

El pensamiento correcto asume constantemente que la voluntad se sienta entronizada para ejecutar los dictados de la mente, la conciencia y el corazón. Nunca toleres ni por un instante la idea de que tu voluntad no es absolutamente eficiente. La forma de querer es querer... y la primera vez que te sienta tentado a romper una resolución digna –y así será, puede estar seguro de ello–, lucharás entonces y allí. No puedes permitirte perder esa pelea. Tienes que ganarla, no desviarte ni por un instante, pero mantén esa resolución, así te mate. No lo hará, pero debes luchar como si la vida dependiera de esa victoria.

Tu éxito o fracaso como orador se determinará en gran medida por tus pensamientos y tu actitud mental. Yo tenía un estudiante de educación limitada que entró a una de mis clases de discurso en público. Él demostró ser muy mal orador y yo podía hacer poco, aparte de mostrarle sus faltas. Sin embargo, le pedí que no se desanimara. Con tristeza en su voz y con la seriedad que emanaba de sus ojos, respondió: ¡No me desanimaré, anhelo saber hablar en público! Era un hombre cálido, humano y de gran corazón. Y siguió intentándolo... hasta que se convirtió en un orador digno de crédito.

No hay poder bajo las estrellas que pueda derrotar a alguien con esa actitud. El que en las profundidades de su corazón anhela ardientemente tener facilidad para hablar, y está dispuesto a hacer los sacrificios necesarios, alcanzará su meta. "Pedid y recibiréis, buscad y hallaréis, llamad y se os abrirá" es, de hecho, aplicable también a aquellos que desean adquirir el poder de la palabra.

Tu fe en tu capacidad y tu disposición a hacer sacrificios con tal de lograr tu meta son el doble indicio de tus logros futuros. Lincoln soñaba con la posibilidad de ser orador y convirtió ese sueño en realidad porque caminó muchas millas para tomar prestados los libros que leía al resplandor del fuego de leña durante la noche. Sacrificó mucho para realizar su visión. Livingstone tenía una gran fe en su capacidad de servirles a las razas de África. Y en aras de esa fe renunció a todo dejando Inglaterra para ir al interior de ese continente y se enfrentó incluso a la muerte. Juana de Arco tenía una gran confianza en sí misma, exaltada por una capacidad infinita de sacrificio. Condujo a los ingleses más allá del Loira y se mantuvo junto a Carlos durante su reinado.

Todos ellos comprendieron sus deseos más fuertes. La ley es universal. Desea mucho y lo lograrás; sacrifica mucho y lo obtendrás.

## PREGUNTAS Y EJERCICIOS

1. ¿Qué es, en tus propias palabras, la personalidad?

2. ¿Cómo afecta la personalidad a un orador?

3. ¿De qué manera se manifiesta la personalidad en un orador?

4. Haz un breve discurso sobre "El poder de la voluntad en el orador público".

5. Escribe un corto mensaje basado en cualquier frase que elijas de este capítulo.

## CAPÍTULO 30

## EL DISCURSO DESPUÉS DE UNA CENA Y OTROS DISCURSOS DE OCASIÓN

> "La percepción de lo absurdo es una señal de cordura".
> –Ralph Waldo Emerson, *Essays*

> "Y asegúrense de que él les dé a los demás la oportunidad para que ellos también hablen".
> –Francis Bacon, *Essay on Civil and Moral Discourse*

Quizá los más brillantes, y también los más entretenidos, de todos los discursos son los que se dicen después de una cena y en otras ocasiones especiales. El ambiente de una cena, así como la expectativa que se genera en ocasiones especiales, proporcionan una audiencia que, aunque no será fácilmente ganada, está preparada para lo mejor, al tiempo que el propio orador está bastante seguro de haber sido elegido por sus dones en el arte de la oratoria.

El primer elemento esencial de un buen discurso de ocasión es estudiar la ocasión. ¿Cuál es precisamente el objetivo de la reunión? ¿Qué tan importante es la ocasión para la audiencia? ¿Qué tan grande será la audiencia? ¿Qué clase de personas son? ¿Qué tan grande es el auditorio? ¿Quién selecciona los temas de los oradores? ¿Quién más va a hablar? ¿De qué hablará? ¿Cuánto tiempo voy a hablar? ¿Quién habla antes que yo y quién sigue?

Si quieres dar en el blanco, haz este tipo de preguntas. Ningún discurso de ocasión tendrá éxito a menos que te ajustes a esa ocasión. Muchos oradores prominentes han perdido prestigio porque fueron demasiado descuidados o estaban demasiado ocupados o demasiado seguros de sí mismos como para respetar la ocasión y la audiencia y para informarse de las condiciones exactas en las que hablarían. Dejar las cosas demasiado al azar es tomar un gran riesgo y, en general, resulta en un discurso menos eficaz, –si no en un fracaso.

La capacidad de adaptación juega un enorme papel en un discurso de ocasión. En 1877, cuando Mark Twain se dirigió al Ejército del Tennessee durante una reunión en Chicago, dos aspectos fueron notables durante ese discurso después de la cena: uno, la introducción brillante –que fue la que captó sutilmente el interés de todos los asistentes–, y dos, el uso humorístico de ciertos términos militares.

Demóstenes manifestó: "Así como se conoce una vasija por su sonido, y si se ha agrietado o no, así el orador demuestra por sus discursos si es sabio o necio". Seguramente, un discurso de ocasión es una prueba severa de la sabiduría de un orador. Ser trivial en una ocasión seria o funesto en un banquete son indicios de no tener muy buen sentido del tacto. Algunas almas imprudentes parecen elegir la más amistosa de las ocasiones posteriores a una cena para tocar temas que solo darán lugar a una disputa. Es costumbre que alrededor de la mesa de la cena, incluso entre enemigos políticos, se entierren las hachas en cualquier otro lugar, menos en el cráneo de algún oponente sentado a la misma mesa. Es de máximo mal gusto plantear preguntas que, en horas consagradas a la buena voluntad, pudieran causar controversia.

Los discursos de ocasión suelen brindar circunstancias como para hacer uso del humor y, sobre todo, para contar historias divertidas y humorísticas respecto a algún punto que las amerite. Sin embargo, no hagas girar un hilillo entero de hilados humorísticos sin más conexión que la trasegada frase: "Y eso me recuerda". Una anécdota sin conexión con el tema tal vez sea graciosa, pero una menos graciosa que encaje con el tema y la ocasión es mucho más adecuada. No hay manera, a falta del poder puro de la palabra, que conduzca tan seguramente al corazón de una audiencia como el buen humor, siempre y cuando sea fino y apropiado. Los comensales dispersos en una gran sala de banquetes, el letargo que suele surgir después de una cena, la ansiedad por que la reunión termine antes de tener que perder el vuelo de regreso a casa, la cantidad exagerada de oradores participantes, son circunstancias que implican un reto para que el orador haga todo lo posible para captar el interés de su audiencia. Y cuando lo logra con éxito, por lo general, se debe a que él supo utilizar una feliz mezcla de seriedad y humor –ya que solo a base de humor rara vez se obtiene una puntuación tan alta como cuando se mezcla con algunas palabras ceremoniales; a su vez, el discurso totalmente trascendental tampoco triunfa en tales ocasiones.

Si existe un lugar en el que las opiniones de segunda mano y los clichés no son bienvenidos es en el discurso después de una cena. Si tú eres el encargado de hacer el brindis o el orador encargado de intentar mantener a los asistentes despiertos hasta la medianoche, sé tan original como puedas. ¿Cómo sería posible resumir las cualidades que componen un magnífico discurso después de una cena cuando recordamos la inimitable seriedad de Mark Twain, la dulce elocuencia sureña de Henry W. Grady, la gravedad fúnebre del divertido Charles Battell Loomis, el encanto de Henry Van Dyke, la genialidad de F. Hopkinson Smith y al deleitable de Chauncey M. Depew? América es, literalmente, rica en este tipo de oradores brillantes que combinan el sentido de lo real con lo absurdo haciendo que ambos ingredientes sean eficaces.

Las ocasiones conmemorativas, las inauguraciones, las dedicatorias, los elogios y toda esta clase de eventos públicos especiales ofrecen oportunidades únicas para hacer uso del tacto y del buen sentido, para elegir el tema según sea la ocasión y la audiencia. Cuándo ser ceremonioso y cuándo coloquial, cuándo subir y cuándo mover tus brazos con tus oyentes, cuándo encender a la audiencia y cuándo calmarla, cuándo instruirla y cuándo divertirla –en una palabra, todos los aspectos relacionados con ser un orador APROPIADO deben permanecer fijos en tu mente para que no escribas tus discursos sobre el agua.

Por último, recuerda la bienaventuranza: "Bienaventurado el orador que hace breves discursos porque será invitado a hablar de nuevo".

## PREGUNTAS Y EJERCICIOS

1. ¿Por qué el humor debe tener lugar en los discursos después de una cena?

2. Comenta tus impresiones acerca de un discurso exitoso en el que hayas estado después de una cena.

3. Haz un discurso de después de una cena que no se pase de diez minutos de duración.

4. ¿Se usó humor en algunos de los discursos de este capítulo? ¿En qué otros discursos habría sido inapropiado hacer uso del humor?

5. Prepara y comparte un discurso después de una cena que sea adecuado para una de las siguientes ocasiones y asegúrate de usar humor:

   Una cena de un partido político.

   Una cena del club de varones de una iglesia.

   Un banquete de una asociación cívica.

   Un banquete en honor a una celebridad.

   Una cena anual de un club de mujeres.

   Una cena de una asociación de hombres de negocios.

   Un banquete de ex alumnos.

## CAPÍTULO 31

## HACIENDO EFECTIVA LA CONVERSACIÓN

"Durante la conversación, evita los extremos
de adelantarte y devolverte".
–Cato.

"La conversación es el laboratorio y el taller del estudiante".
–Emerson, *Essays: Circles*

El padre de W.E. Gladstone consideraba que la conversación era un arte y un logro. En su casa, se discutía constantemente y alrededor de la mesa durante la cena sobre algún tema de interés local o nacional –o sobre cualquier asunto debatible. De esta manera surgió entre la familia una amistosa rivalidad por la supremacía de la conversación y un incidente callejero, una idea recogida de un libro o una deducción obtenida de una experiencia personal eran eventos cuidadosamente almacenados como material apto para el intercambio familiar. Así, sus primeros años de práctica en la conversación elegante prepararon al joven Gladstone para su carrera como líder y orador.

Existe la percepción de que la capacidad de conversar de manera efectiva es equivalente a hablar en público eficientemente ya que, en múltiples ocasiones, nuestra conversación es oída por muchos y, en ciertos momentos, las decisiones importantes dependen del tono y la calidad de lo que digamos en privado.

De hecho, es bastante probable que la conversación en conjunto ejerza más poder que la prensa y el escenario combinados. Sócrates enseñó sus grandes verdades, no a partir de discursos públicos, sino en conversaciones personales. Las gentes hicieron peregrinajes a la biblioteca de Goethe y a la casa de Coleridge para ser encantadas e instruidas por sus conversaciones y la cultura de muchas naciones fue influenciada inconmensurablemente por los pensamientos que fluyeron de esos ricos manantiales.

La mayoría de los discursos que se mueven en el mundo se hacen en el curso de la conversación. Las conferencias de diplomáticos, los argumentos de las empresas, las decisiones de los consejos de administración, las consideraciones de políticas corporativas influyentes en los mapas políticos, mercantiles y económicos del mundo suelen ser resultado de una conversación cuidadosa aunque informal, y el hombre cuyas opiniones pesan en tales circunstancias es aquel que primero ha meditado con sigilo las palabras tanto del antagonista como del protagonista.

Por muy importante que sea tener autocontrol en medio de una conversación ligera de tipo social, o en la mesa de la familia, es vital permanecer enfocado cuando participas en una conferencia trascendental. Por lo tanto, las indicaciones que hemos dado sobre cualidades como el equilibrio, el estado de alerta, la precisión de la palabra, la claridad de la declaración y la fuerza de la expresión con respecto al discurso público son igualmente aplicables a la conversación.

Ese sentimiento de cierto egoísmo nervioso que de repente se convierte en aturdimiento justo cuando hay que decir algo vital es la señal que anuncia una derrota –pues una conversación es a menudo un concurso.

Si es así, debes echar mano de tu capacidad de dominio propio y forzar tu mente a persistir a lo largo de conversación; niégate por completo a dejarte desviar por cualquier tema o acontecimiento que puede aparecer inesperado y te distraiga. Fracasar aquí es perder tu eficacia.

La concentración es la clave del encanto conversacional pues la diplomacia de todo tipo descansa en la aplicación precisa de palabras precisas, sobre todo –si se puede parafrasear a Tallyrand– en esos momentos difíciles en los que, ni siquiera quedándonos callados, logramos ocultar nuestros pensamientos.

Con frecuencia, obtenemos nuevas ideas sobre temas viejos mirando las derivaciones de las palabras. El significado original de "conversación" es hacer un intercambio de ideas, pero la mayoría de la gente parece considerarla un monólogo. Bronson Alcott solía decir que muchos saben discutir, pero pocos saben conversar. Por lo tanto, lo primero que debemos recordar en el momento de la conversación es que el escuchar –respetuoso, comprensivo, alerta y atento– no es un acto que beneficia solo a nuestro interlocutor, sino también a nosotros. Muchas respuestas pierden su eficacia porque el orador está tan interesado en lo que está a punto de decir que, en realidad, no toma la respuesta de su interlocutor como debe ser, sino como una irrelevancia que le resulta irritante.

La autoexpresión es estimulante. Esto explica el impulso eterno del ser humano por decorar y pintar cuadros, escribir poesía y exponer ideas filosóficas. Una de las principales delicias de la conversación es la oportunidad que ofrece para la autoexpresión. Un conversador que monopoliza toda la conversación será considerado como aburrido porque les niega a otros el goce de la autoexpresión; en cambio, una persona que poco habla, pero que escucha con interés, será considerada buena conversadora porque le permite a su interlocutor sentirse complacido a través de la autoexpresión. A este tipo de persona le encanta complacer a los demás –y por lo tanto, también le complace escuchar con total atención.

El primer paso para remediar los hábitos de confusión en los buenos modales, la conducta inapropiada, la vaguedad en el pensamiento y la falta de precisión durante una conversación es reconocer tus defectos. Si no eres consciente de ellos, nadie podrá ayudarte. Pero una vez te des cuenta de tus propias debilidades, y quieras superarlas, puedes hacer cuatro cosas:

1. DISPONTE a superarlas y mantente dispuesto a lograrlo.

2. Asegúrate de que sabes con exactitud lo que debes decir. Si no lo sabes, permanece en silencio hasta que tengas claro lo que quieres decir.

3. Habiéndote asegurado, no les temas a quienes te escuchan: ellos también son seres humanos y respetarán tus palabras si realmente tienes algo que decir. Dilo de manera breve, sencilla y clara.

4. Estudia tu idioma hasta que sepas manejar, por lo menos, sus formas más simples.

## Sugerencias conversacionales

Elije un tema que genere el interés general de todo el grupo al que vas a dirigirte. No pretendas explicar cuál es el mecanismo de un motor de gas en una reunión de señoras en una tarde de té, ni quieras describir cómo crecen los rosales en una reunión de ingenieros.

No se considera de buen gusto que una persona deje ver su brazo en público para mostrar sus cicatrices o deformidades. Es igualmente mal visto que comparta sus propias aflicciones o que hable mal de otra persona. La gente prefiere escuchar noticias o historias que tengan un final feliz. Todo el mundo está buscando la felicidad. Nadie está interesado en escuchar acerca de males y problemas. George Cohan se hizo millonario antes de cumplir los treinta años al escribir obras alegres. Una de sus reglas es casi siempre aplicable a la conversación: "Siempre déjalos riendo cuando les digas adiós".

Erradica el "yo" de tu conversación. Ninguna persona puede hablar de sí misma sin ser aburrida. Quien sea capaz de realizar esa hazaña, también logrará maravillas sin hablar de sí mismo. Así que el eterno "yo" no es permisible en ninguna charla.

Si sueles sostener tu conversación en torno a tus propios intereses, resultarás muy fastidioso para tu interlocutor. Él estará pensando en sus perros, en sus pájaros o en la pesca con mosca seca mientras que tú estás hablando de la cuarta dimensión o de los méritos de una loción de pepino. El conversador encantador está siempre dispuesto a hablar de aspectos de interés para su oyente. Si él invierte su tiempo libre investigando sobre el ganado de Guernesey o sobre las reformas sociales, préstale atención. Richard Washburn Child dice que conoce personas con habilidades un tanto mediocres que saben cómo encantarles a los demás.

Evita los clichés y las frases cortas. No digas: "¡Qué pequeño es este mundo!" "¡Este viejo mundo está peor cada día!" "¡Qué alto está el costo de una vida!". Tales observaciones causan el mismo grado de emoción que el hecho de viajar en un carro viejo. Si no tienes nada fresco o interesante que decir, siempre es mejor permanecer en silencio. ¿Te gustaría leer un periódico cuyos titulares dijeran: "Se anuncia una gran tormenta"? ¿O leer las mismas noticias que has estado leyendo semana tras semana?

## PREGUNTAS Y EJERCICIOS

1. En pocas palabras, ¿cuál es tu opinión de lo que es ser un conversador encantador?

2. ¿Qué cualidades del orador no deben utilizarse en una conversación?

3. Haz una representación breve y cómica de lo que sería una conversación tipo "oráculo".

4. ¿Qué descubrirías si te dedicaras a observar tu forma de conversar?

5. ¿Qué podrías hacer para mejorar tu conversación?

6. ¿Qué se entiende por tener "tacto" en la conversación?

7. ¿Qué hace que una frase se convierta en trillada?

8. ¿Qué es una charla pretenciosa?

www.ingramcontent.com/pod-product-compliance
Lightning Source LLC
Chambersburg PA
CBHW030512080526
**44586CB00011B/165**